Examens de l'OCDE sur la gouvernance publique

Cadre d'intégrité pour l'investissement public

Cet ouvrage est publié sous la responsabilité du Secrétaire général de l'OCDE. Les opinions et les interprétations exprimées ne reflètent pas nécessairement les vues officielles des pays membres de l'OCDE.

Ce document, ainsi que les données et cartes qu'il peut comprendre, sont sans préjudice du statut de tout territoire, de la souveraineté s'exerçant sur ce dernier, du tracé des frontières et limites internationales, et du nom de tout territoire, ville ou région.

Merci de citer cet ouvrage comme suit :
OCDE (2017), *Cadre d'intégrité pour l'investissement public*, Examens de l'OCDE sur la gouvernance publique, Éditions OCDE, Paris.
http://dx.doi.org/10.1787/9789264263543-fr

ISBN 978-92-64-26349-9 (imprimé)
ISBN 978-92-64-26354-3 (PDF)

Série : Examens de l'OCDE sur la gouvernance publique
ISSN 2226-5953 (imprimé)
ISSN 2226-5961 (en ligne)

Les données statistiques concernant Israël sont fournies par et sous la responsabilité des autorités israéliennes compétentes. L'utilisation de ces données par l'OCDE est sans préjudice du statut des hauteurs du Golan, de Jérusalem-Est et des colonies de peuplement israéliennes en Cisjordanie aux termes du droit international.

Crédits photo : Couverture © nattanan726/Shutterstock.com.

Les corrigenda des publications de l'OCDE sont disponibles sur : *www.oecd.org/about/publishing/corrigenda.htm*.

Avant-propos

L'investissement – qu'il repose sur un financement public, privé ou mixte – peut être un facteur de croissance et de développement économiques durables ; il est nécessaire à la prestation de services de base. Toutefois, étant donné les importants gains monétaires et politiques qui sont souvent en jeu, l'investissement et plus particulièrement l'investissement dans les infrastructures, peut aussi être exposé au détournement et à la corruption. En effet, les projets d'infrastructure à grande échelle sont, malheureusement, fréquemment associés à des faveurs politiques, à la corruption et à la collusion. Des données récentes du Rapport de l'OCDE sur la corruption transnationale montrent par exemple que près de 60% des cas de corruption internationale ont eu lieu dans quatre secteurs liés à l'infrastructure.

Lorsque les incitations à la faute sont élevées, les dommages qui en découlent sont considérables et ce sont les gouvernements et les citoyens qui paient finalement le prix pour les actes de quelques responsables ou entreprises. En outre, les gouvernements pâtissent non seulement financièrement mais aussi en termes de confiance : les investissements publics inaboutis sont des bévues très visibles. Ces « éléphants blancs », comme on les appelle, sont difficiles à oublier ou pardonner pour les citoyens. Les stades, routes et bâtiments non utilisés sont pour eux des rappels quotidiens de leurs impôts indûment dépensés.

Pour aider les gouvernements à éviter semblables situations et maintenir la confiance des citoyens, l'OCDE a élaboré un **Cadre d'intégrité pour l'investissement public**. Des exigences élevées en termes de conduite, des politiques d'identification et de gestion des conflits d'intérêts, des contrôles internes et externes rigoureux et une plus grande transparence sont les principales armes dans les arsenaux des gouvernements pour lutter contre la corruption. Dans le même temps, ces outils favorisent une concurrence qui maintient des coûts bas et une haute qualité.

Ce Cadre a d'abord été discuté lors du **Forum 2015 de l'OCDE sur l'intégrité**, et a bénéficié d'une consultation ouverte avec les parties prenantes. Il comprend des mesures et des mécanismes concrets qui peuvent être utilisés à chaque étape du cycle de l'investissement public afin de préserver l'intégrité. Des exemples de bonnes pratiques de mise en œuvre dans les secteurs public et privé sont fournis pour examen et inspiration.

Le Cadre arrive au moment le plus opportun, alors que les pays pâtissent de déficits croissants en matière d'infrastructures suite à la crise économique. Moteurs de la productivité et de la croissance, les infrastructures publiques sont un candidat de choix pour l'investissement. De plus, l'investissement public peut contribuer à réduire les inégalités en offrant un meilleur accès aux services publics et en permettant d'uniformiser les règles du jeu pour les entreprises. Des investissements publics productifs, épargnés par la corruption, seront essentiels pour assurer une reprise économique plus rapide et plus complète.

Rolf Alter
Directeur de la Gouvernance publique et du développement territorial, OCDE

Remerciements

Le *Cadre d'intégrité pour l'investissement public* de l'OCDE a été établi par la Division de l'intégrité dans le secteur public de la Direction de la Gouvernance publique et du développement territorial de l'OCDE.

Le présent rapport a été rédigé par Emma Cantera, Minjoo Son, Natalia Nolan Flecha sous la direction de János Bertók et Julio Bacio Terracino, avec le concours de Sofia Wickberg et Jeroen Michels.

Nous tenons à remercier tout particulièrement les experts qui y ont contribué par leurs contributions et remarques, à savoir Neill Stansbury, co-fondateur et directeur du Centre mondial de lutte contre la corruption dans les infrastructures (Global Infrastructure Anti-Corruption Centre), Christiaan Poortman, président de l'Initiative pour la transparence dans le secteur de la construction, et Jill Wells, membre des Ingénieurs contre la pauvreté.

Les remarques des Divisions de l'OCDE respectivement chargées des politiques de la réglementation et des politiques de développement régional nous ont été très utiles ; la Direction des affaires financières et des entreprises (Division de l'investissement, Division de la lutte contre la corruption, Division des affaires d'entreprise), la Direction de la coopération pour le développement (Division Partenaires mondiaux et politiques) et le Comité consultatif économique et industriel auprès de l'Organisation (BIAC) nous ont aussi apporté un concours précieux.

Par ailleurs, nous sommes très reconnaissants envers les personnalités qui ont participé au débat sur le cadre lors du Forum de l'OCDE sur l'intégrité – intitulé *Endiguer la corruption, investir dans la croissance* – qui a eu lieu les 25 et 26 mars 2015 : Son Excellence Lee Sungbo, président de la Commission de lutte contre la corruption et des droits civiques de Corée ; Gabriela Ramos, directrice du Cabinet du Secrétaire général de l'OCDE ; Axel Threlfall, rédacteur chez Reuters ; Giovanni Kessler, directeur général de l'Office européen de lutte antifraude (OLAF) ; Cobus de Swardt, directeur général de Transparency International ; Nadia van der Merwe, directrice associée de l'organisation Controls Risks ; Adrian Blundell-Wignall, directeur de la Direction des affaires financières et des entreprises de l'OCDE ; Pavlos Eleftheriadis, professeur associé de droit à l'université d'Oxford ; Klaus Moosmayer, directeur de la conformité chez Siemens et président du Groupe de travail du BIAC sur la corruption ; Sheila Krumholz, directrice du Center for Responsive Politics ; Bob Rijkers, économiste à la Banque mondiale ; A. Craig Copetas, journaliste à Quartz/Atlantic Media ; Juan Yermo, directeur adjoint du Cabinet du Secrétaire général de l'OCDE ; Tina Søreide, chercheuse en droit et en économie à l'université de Bergen ; Emranul Haque, maître de conférences à l'université de Manchester ; Phil Mason, président de l'Équipe de projet sur la lutte contre la corruption de l'OCDE ; Elizabeth Hart, consultante internationale ; Joshua Drew, vice-président d'Ethics, HP ; Erik Feiring, spécialiste des politiques publiques à la Banque mondiale ; Phil Tarling, membre du directoire et ancien président du conseil d'administration de l'Institut des auditeurs internes ; Pierre Poret, directeur adjoint à la Direction des affaires financières et des entreprises de l'OCDE ; Anders Berg, directeur général adjoint au ministère norvégien du Commerce et de l'Industrie et président du Groupe de travail de l'OCDE sur l'actionnariat public et la privatisation ; Sagarika Chatterjee, directrice associée du service des Principes pour l'investissement responsable de l'ONU ; Corinne Lagache, responsable de la conformité au groupe Safran et vice-présidente du Groupe de travail du BIAC sur la corruption ; Aneta McCoy, fondatrice et associée du groupe de conseil Aneta McCoy ; Ade Onitolo, directeur adjoint à la direction de la diplomatie économique et commerciale du ministère des Affaires étrangères et du Commonwealth au Royaume-Uni ; Peder Michael Pruzan-Jorgensen, responsable pour l'Europe, le Moyen-Orient et l'Asie de Business Social Responsibility (BSR) ; Vladimir Khvalei, vice-président de la Cour internationale d'arbitrage de la CCI ; Catherine Kessedjian, arbitre, professeur à l'université Panthéon-Assas ; Lauri Railas, avocat chez Railas Attorneys Ltd. ; Joachim Pohl, analyste des politiques publiques à la Division de l'investissement de l'OCDE ; Son Excellence Raffaele Cantone, président de l'autorité italienne de lutte contre la corruption ; Roel Nieuwenkamp, président du Groupe de travail de l'OCDE sur la conduite responsable des entreprises ; Christiaan Poortman, président du conseil d'administration de CoSTinterim ; Enrico Vink, directeur général de la Fédération internationale des ingénieurs-conseils ; Augusto Goncalves Ferradaes, auditeur à la Cour des comptes fédérale du Brésil ; Viviane Schiavi, cadre supérieure à la Chambre de commerce internationale ; Carlos Santiso, chef de la Division des capacités institutionnelles de la Banque interaméricaine de développement (BID) ; Fuad Khoury Zarzar, contrôleur général des finances publiques au Pérou ; Victor Hard, membre du Comité directeur de l'ITIETT (Trinité-et-Tobago) ; Juan Cruz Vieyra, spécialiste chargé des opérations à la BID ; Lahra Liberti, conseillère principale pour les ressources naturelles au Centre de développement de l'OCDE ; Robert Leventhal, directeur des programmes de lutte contre la criminalité au Département d'État des États-Unis ; Anwar Shah, conseiller à la Banque mondiale et à la Banque asiatique de développement, directeur du Centre d'économie publique et professeur associé à la Southwestern University of Finance and Economics de Chengdu/Wenjiang ; Kristien Verbraeken, responsable de l'intégrité au ministère belge de la Gouvernance publique, division des ressources humaines et du développement organisationnel ; Pierre Berthet, ancien auditeur à la Chambre régionale des comptes de Provence-Alpes-Côte d'Azur, conseiller au Service central de prévention de la corruption du ministère français de la Justice ; Bert Kuby, chef d'unité au Comité des régions de l'UE ; Patrick Moulette, chef de la Division de lutte contre la corruption de l'OCDE ; Richard Bistrong, consultant en matière de lutte contre la corruption, de conformité et d'éthique ; Philippe Montigny, président et responsable du Comité de certification d'Ethic Intelligence ; Enery Quinones, ancien responsable de la conformité à la Banque européenne pour la reconstruction et le développement ; Richard Alderman, ancien directeur de l'Office britannique de lutte contre les fraudes graves; Rolf Alter, directeur de la Direction de la gouvernance publique et du développement territorial de l'OCDE ; Son Excellence Dionisio Pérez-Jácome Friscione, Ambassadeur, Délégation du Mexique auprès de l'OCDE ; Son Excellence Annika Markovic, Ambassadrice, Délégation de la Suède auprès de l'OCDE ; Son Excellence Nick Bridge, Délégation du Royaume-Uni auprès de l'OCDE ; Drago Kos, président du Groupe de travail de l'OCDE sur la corruption ; Robert Hunja, directeur de l'intégrité et de l'ouverture du secteur public au sein de la Pratique de gouvernance à l'échelle mondiale de la Banque mondiale ; Elena Panfilova, vice-présidente de Transparency International ; M. Aivaras Abromaicius, ministre du Développement économique et du Commerce de l'Ukraine.

Table des matières

Graphiques

Résumé

*« La corruption est l'un des plus grands obstacles à l'efficacité
et l'efficience de l'investissement ».*

- Angel Gurría, Secrétaire général de l'OCDE,
Forum 2015 de l'OCDE sur l'intégrité

Les infrastructures publiques sont un bien commun directement et indirectement profitable à l'économie et à l'ensemble de la société

L'investissement est une dépense publique ou privée qui fait augmenter le stock de capital physique public et privé. Il concerne des actifs fixes tels que les logements (à l'exclusion des terrains), d'autres édifices et structures (routes, ponts, aéroports et barrages), les équipements de transport, les machines, les actifs cultivés et les actifs incorporels (par exemple la propriété intellectuelle). L'investissement est un facteur de croissance et de développement durables. Il est indispensable à l'offre de services de base comme l'électricité, l'eau et l'assainissement, et conditionne la prestation de services publics tels que la santé, l'éducation et la sécurité.

L'investissement représente une part significative du produit intérieur brut (PIB) des pays de l'OCDE – près de 20 % en moyenne. Bien qu'il soit principalement privé (une proportion d'environ 15 % est publique), l'État a un rôle central à jouer dans l'investissement en infrastructures. Celles-ci constituent un bien public dans la mesure où elles n'ont pas de caractère exclusif et sont des biens non rivaux, de sorte que les autorités publiques sont les mieux à même de les fournir. En outre, l'investissement public peut être considéré comme un outil de politique économique permettant aux gouvernements de promouvoir une croissance durable et l'innovation, ainsi que de contribuer au bien-être en fournissant des infrastructures et des services publics de base. Au demeurant, les gouvernements utilisent l'investissement public, notamment infrastructurel, pour répondre à différents défis. Il est de nature à stimuler la performance économique, à augmenter la productivité et à générer une demande globale en améliorant le capital humain et en encourageant l'innovation technologique.

De nombreux pays sont confrontés à une pénurie d'infrastructures tant au niveau quantitatif que qualitatif

En général, les dépenses consacrées à l'édification de nouvelles infrastructures ou à l'entretien des anciennes n'ont pas suivi les besoins des pays ; on considère souvent que c'est l'une des principales causes de la lenteur de la reprise économique et un obstacle majeur au développement. Les indicateurs laissent penser qu'il existe un écart important entre les infrastructures disponibles et les besoins, ce qui ne laisse pas de préoccuper en particulier dans les économies émergentes et les pays en développement à faible revenu. La pénurie d'infrastructures n'est pas exclusivement d'ordre quantitatif ; il faut aussi tenir compte de leur qualité. Le besoin d'investissement en infrastructures est aussi un motif d'inquiétude dans les économies avancées ; des signes de dégradation de leur qualité ont été constatés ces dernières années. Un pourcentage élevé de l'investissement public est affecté à la maintenance des infrastructures existantes.

Pour maximiser l'impact des investissements publics, il est essentiel d'en éviter la capture

Dans ce contexte, la simple augmentation du montant des dépenses publiques d'infrastructures n'est pas nécessairement la solution ; l'investissement public doit être productif et efficient pour avoir une véritable valeur économique et sociale et pour contribuer à une croissance durable et inclusive. L'influence d'intérêts particuliers sur la prise de décision peut même entraîner une baisse de la productivité ou un excédent d'infrastructures, avec la création d'« éléphants blancs ».

La nature de l'investissement infrastructurel public l'expose particulièrement à la corruption

Les pots-de-vin, la « capture » des politiques publiques, le détournement de fonds, l'abus de fonctions et le trafic d'influence sont des exemples courants d'actes de corruption, bien que leur définition juridique exacte varie selon les pays. Fréquemment, des allégations de corruption visent des projets d'infrastructures financés par l'État. Le fait est que le degré de pouvoir discrétionnaire des responsables publics à l'égard des décisions d'investissement, l'importance des montants en cause et la multiplicité des étapes et des parties prenantes exposent davantage ces opérations à des influences indues.

La corruption augmente le coût de l'investissement, ce qui réduit sa rentabilité et sa qualité

La corruption a un coût élevé. Son coût direct comprend les pots-de-vin, la hausse des dépenses, la raréfaction de services essentiels, une moindre qualité et une mauvaise allocation des fonds publics. La corruption se traduit aussi par des coûts indirects plus subtils, par exemple une moindre incitation à innover si les marchés ou les emplois sont attribués sur d'autres critères que les qualifications, le fait de ne pas recevoir de l'administration un service auquel on a droit, une perte de confiance dans les institutions publiques et la sélection d'un entrepreneur inadéquat. Le coût de la fraude et de la corruption dans le domaine de l'investissement public est non seulement économique, mais aussi institutionnel et politique, avec des conséquences réelles pour la légitimité de l'appareil d'État et pour la capacité des dirigeants élus et des institutions gouvernementales à remplir leurs fonctions.

Vers un cadre d'action complet, cohérent et ciblé pour promouvoir l'intégrité de l'investissement public au profit d'une croissance économique durable

Le *Cadre d'intégrité pour l'investissement public* a pour but d'aider les États et les acteurs du secteur privé à limiter les risques de corruption en recensant les points d'entrée de celle-ci tout au long du cycle de l'investissement public. Le cadre propose des outils et des mécanismes destinés à y promouvoir l'intégrité dans l'investissement public, ainsi que des mesures pour la promotion de normes éthiques, la gestion des conflits d'intérêts, le renforcement de la surveillance et des contrôles, et accroître la transparence.

Cet instrument peut être appliqué à l'échelon national et infranational ainsi qu'à divers secteurs, dont les transports, la construction, les industries extractives et la fourniture d'énergie, en tenant compte des besoins et des caractéristiques de chaque investissement.

Chapitre 1

L'intégrité de l'investissement public au service d'une croissance économique durable

L'investissement public étant indispensable à une croissance économique durable, ne pas l'effectuer dans de bonnes conditions peut avoir de sérieuses conséquences. Ainsi, pour maximiser les avantages économiques et sociaux d'un projet d'investissement public, il faut absolument éviter qu'il soit « capturé ». À partir de cette idée, le présent chapitre expose les risques pour l'intégrité à chaque étape du cycle de l'investissement, afin de parer à ceux qui découlent de la complexité des projets d'investissement public et de la multiplicité des parties prenantes.

Les données statistiques concernant Israël sont fournies par et sous la responsabilité des autorités israéliennes compétentes. L'utilisation de ces données par l'OCDE est sans préjudice du statut des hauteurs du Golan, de Jérusalem-Est et des colonies de peuplement israéliennes en Cisjordanie aux termes du droit international.

L'investissement public représente une part substantielle de l'investissement total

Définir l'investissement public n'est pas aussi simple qu'il y paraît. On opte habituellement pour les dépenses publiques qui augmentent le stock de capital physique du secteur public. Celui-ci inclut des actifs fixes tels que les logements (à l'exclusion des terrains), d'autres édifices et structures (routes, aéroports, ports, barrages, infrastructures de télécommunication, services collectifs, bâtiments officiels, écoles, hôpitaux, prisons, etc.), des équipements de transport, des machines, des actifs cultivés et des actifs incorporels (par exemple la propriété intellectuelle). L'entretien ordinaire des actifs fixes n'est généralement pas comptabilisé en tant qu'investissement, à moins de constituer une amélioration majeure ayant un effet d'une importance démontrable sur la performance ou les capacités. Comme la majorité de l'investissement public porte sur des infrastructures physiques, le présent cadre se réfère de manière interchangeable aux investissements publics infrastructurels comme aux investissements publics en général, effectués par l'échelon central et infranational.

L'investissement public peut être considéré comme un outil permettant aux gouvernements de promouvoir une croissance économique durable et l'innovation, et de contribuer au bien-être en fournissant des infrastructures et des services publics de base. Au demeurant, ils utilisent l'investissement public, notamment infrastructurel, pour répondre à différents défis de politique publique qui vont du changement climatique aux récessions, à l'évolution démographique, à la rapidité de l'urbanisation et à l'apparition de nouvelles technologies. « Des réseaux d'infrastructures fonctionnant bien sont la colonne vertébrale des économies prospères » (Banque européenne d'investissement, 2010). L'investissement public conditionne indéniablement le bien-être économique et social, car il concourt à la constitution du stock de capital national en affectant des ressources aux infrastructures de base (comme le transport, la distribution d'énergie et d'eau, ou les canaux de communication), aux activités innovantes (recherche et technologie), à des investissements éco-compatibles (sources d'énergie propre) et à l'éducation, qui fait progresser la productivité et le niveau de vie (Economic Policy Institute, 2012). Compte tenu de l'importance de ces objectifs de l'action publique, les investissements effectués en toute intégrité ont le maximum d'effet tout en garantissant un emploi productif et efficient des ressources publiques.

En 2013, dans l'ensemble des pays membres de l'OCDE, l'investissement des administrations publiques a représenté en moyenne 15,6 % de l'investissement total (public et privé) (OCDE, 2015a) (graphique 1.1). Cela correspondait à quelque 1 400 milliards USD (OCDE, 2015b). Par rapport aux dépenses totales des administrations publiques, l'investissement a légèrement dépassé 7 % la même année (graphique 1.1). Les échelons infranationaux occupent une place déterminante puisqu'ils effectuent à peu près 60 % de l'investissement public (OCDE, 2015a) (graphique 1.2).

Graphique 1.1. Investissement des administrations publiques en pourcentage de l'investissement total et des dépenses totales des administrations publiques, 2013

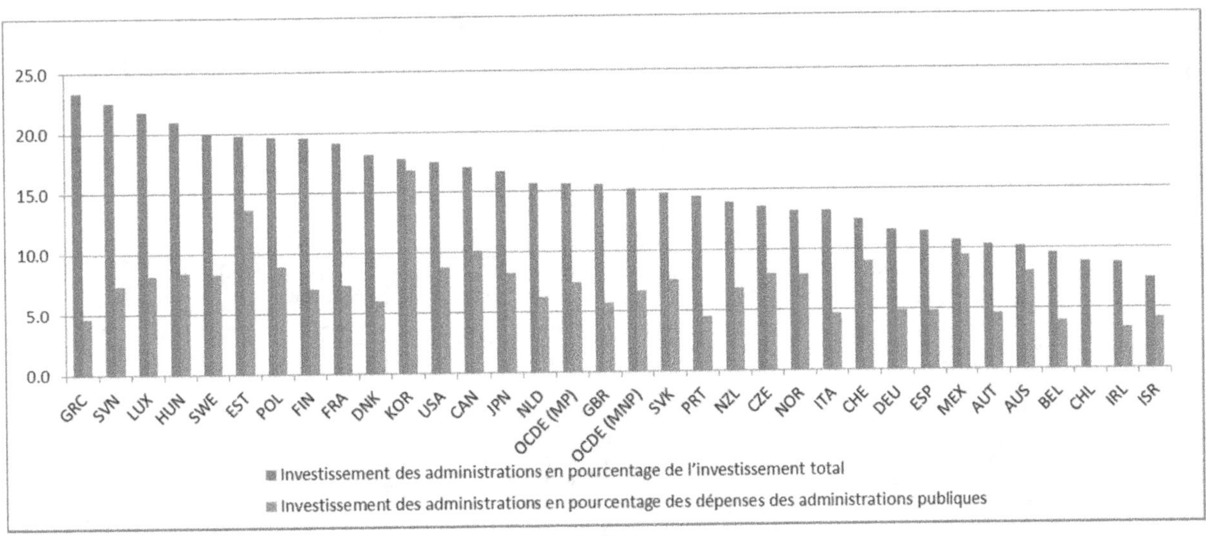

Note : Les données se rapportent aux dépenses des administrations publiques à l'exclusion des entreprises publiques, qui, dans de nombreux pays, participent souvent aux projets d'infrastructures publiques. Il est donc possible qu'elles sous-estiment le montant total de l'investissement public. OCDE (MP) se réfère à la moyenne pondérée de l'OCDE et OCDE (MNP) à la moyenne non pondérée.

Les données statistiques concernant Israël sont fournies par et sous la responsabilité des autorités israéliennes compétentes. L'utilisation de ces données par l'OCDE est sans préjudice du statut des hauteurs du Golan, de Jérusalem-Est et des colonies de peuplement israéliennes en Cisjordanie aux termes du droit international.

Source : OCDE (2015b), *Statistiques de l'OCDE sur les comptes nationaux* (base de données), www.oecd-ilibrary.org/economics/data/statistiques-de-l-ocde-sur-les-comptes-nationaux_na-data-fr (consultée le 20 octobre 2015).

Les infrastructures publiques sont un bien commun directement et indirectement profitable à l'économie et à l'ensemble de la société

Les États ont un rôle essentiel à jouer dans le développement des infrastructures. Celles-ci constituent un bien public dans la mesure où elles n'ont pas un caractère exclusif et donnent lieu à une consommation égalitaire, de sorte que les autorités publiques sont les plus à même de les fournir. Bien que les infrastructures relèvent traditionnellement de la sphère publique, elles sont entrées depuis le milieu du XXe siècle dans une nouvelle phase de partenariat plus étroit avec le secteur privé du fait des privatisations, de l'évolution de la réglementation et de nouveaux modes de coopération adossés à des montages juridiques novateurs (Banque européenne d'investissement, 2010) ; certains projets d'infrastructures sont entièrement financés et gérés par le secteur privé. La faible marge de manœuvre budgétaire de nombreux gouvernements, surtout après la récente crise, ne leur permet pas toujours de financer tous les investissements infrastructurels, productifs et nécessaires. En outre, le déficit actuel d'infrastructures et celui que l'on connaîtra dans les prochaines décennies montrent bien la nécessité de l'investissement privé. Toutefois, les pouvoirs publics restent l'acteur principal dans la création d'infrastructures, car c'est à eux qu'il incombe de décider sur quoi investir. Il faut donc absolument que l'investissement public soit planifié, de façon à bénéficier à l'ensemble de la société et avec une vision à long terme, mais aussi pour que sa gestion ne soit pas cooptée au bénéfice d'intérêts privés.

Graphique 1.2. **Répartition des dépenses d'investissement entre les différents niveaux d'administration, 2013**

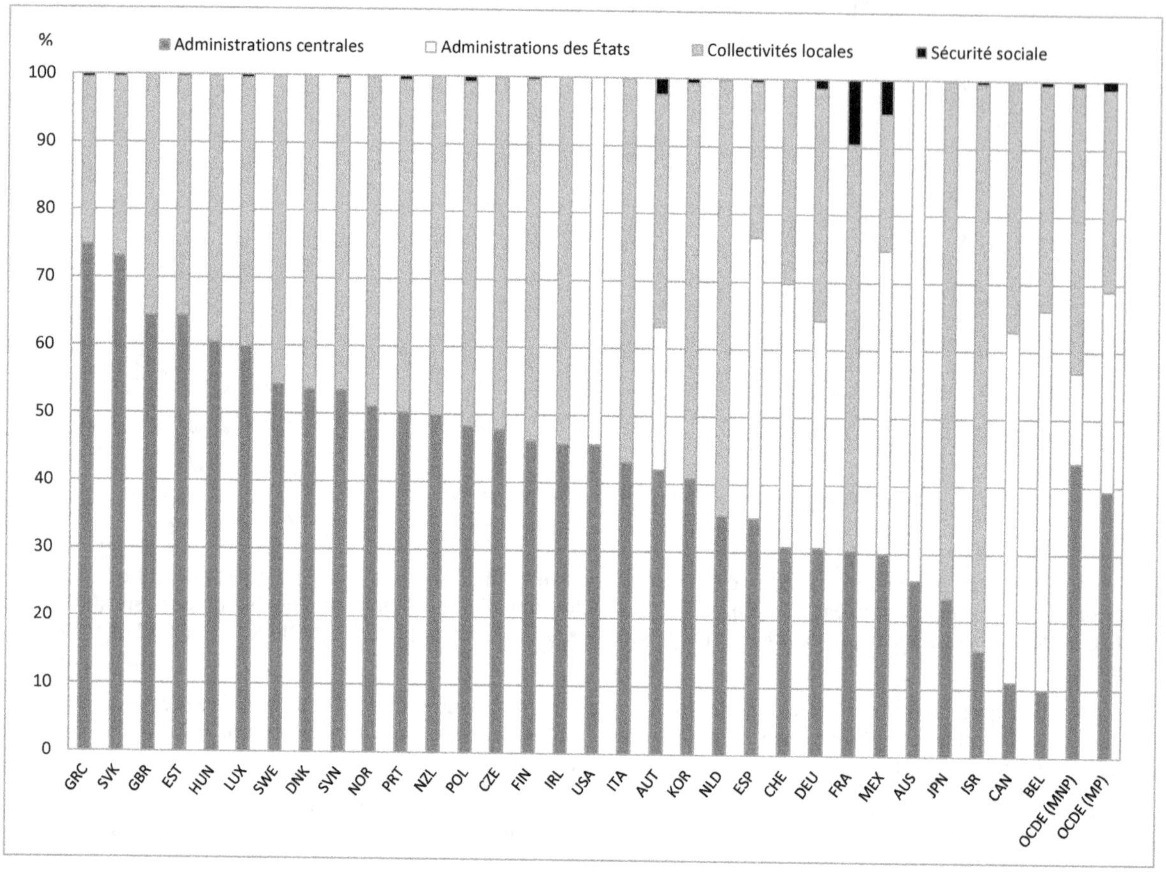

Note : Les données se rapportent aux dépenses des administrations publiques à l'exclusion des entreprises publiques, qui, dans de nombreux pays, participent souvent aux projets d'infrastructures publiques. Il est donc possible qu'elles sous-estiment le montant total de l'investissement public. OCDE (MP) se réfère à la moyenne pondérée de l'OCDE et OCDE (MNP) à la moyenne non pondérée.

Les données statistiques concernant Israël sont fournies par et sous la responsabilité des autorités israéliennes compétentes. L'utilisation de ces données par l'OCDE est sans préjudice du statut des hauteurs du Golan, de Jérusalem-Est et des colonies de peuplement israéliennes en Cisjordanie aux termes du droit international.

Source : OCDE (2015b), *Statistiques de l'OCDE sur les comptes nationaux* (base de données), www.oecd-ilibrary.org/economics/data/statistiques-de-l-ocde-sur-les-comptes-nationaux_na-data-fr;jsessionid=4p51mkkkuhsp8.x-oecd-live-03 (consultée le 20 octobre 2015).

Bien que quantitativement inférieur à d'autres catégories de dépenses des administrations, comme celles liées au système de protection sociale (par exemple les indemnités de chômage et d'autres allocations sociales), l'investissement public a des effets importants, à savoir des avantages directs et des externalités positives pour l'économie et la société dans son ensemble. En effet, les infrastructures publiques (ou à financement public), par exemple les réseaux de transport et de télécommunication, bénéficient directement au commerce et permettent à l'activité économique d'atteindre des zones éloignées. L'investissement public a d'autres avantages directs tels que la prestation de services de base (comme l'eau et l'assainissement) et de services sociaux (par exemple l'éducation, la santé et la sécurité).

Les externalités positives découlant de l'investissement public comprennent l'augmentation de la productivité, la promotion de l'innovation et la création d'emplois, mais aussi les apports à l'environnement (Straub, 2008), qui tous contribuent à la durabilité de la croissance économique et aux progrès du bien-être. Ainsi, les écoles et les hôpitaux ne sont pas seulement des bâtiments : ce sont des infrastructures nécessaires à l'amélioration du capital humain et de la qualité de la vie (Economic Policy Institute, 2012). De même, les forces de l'ordre se servent des infrastructures publiques pour offrir des services (sûreté et sécurité, par exemple) qui conditionnent beaucoup d'autres résultats, dont la stabilité sociale et un contexte porteur pour les affaires. Par ailleurs, les investissements dans les infrastructures produisant de l'énergie renouvelable, comme les installations photovoltaïques et les parcs éoliens marins, conjuguent souvent des externalités positives pour l'emploi, l'économie et l'environnement. Les enquêtes de la Banque mondiale auprès des entreprises montrent que les sociétés privées considèrent des infrastructures publiques médiocres comme une entrave à leurs activités.

Le besoin d'infrastructures exprime une attente quantitative, mais aussi et surtout qualitative

Pour certains, l'insuffisance des investissements en infrastructures est un frein majeur au développement et à une reprise rapide après la crise mondiale. Selon certaines estimations, « 57 000 milliards USD d'investissements infrastructurels seront nécessaires de 2013 à 2030, ne serait-ce que pour réaliser les prévisions de croissance du PIB mondial » (McKinsey Global Institute, 2013). Standard and Poor's chiffre les besoins annuels de financement des infrastructures à 3 400 milliards USD, dont la plus grande part se répartirait à peu près également entre les États-Unis, l'Union européenne et la Chine (Standard and Poor's, 2014). De même, l'Asie devrait dépenser quelque 8 000 milliards USD pour conserver son rythme actuel de croissance économique (PWC, 2012).

D'autres indicateurs laissent penser que l'écart est grand entre les infrastructures disponibles et les besoins (tableau 1.1). C'est un sérieux motif d'inquiétude, en particulier pour les économies de marché émergentes et les pays en développement à faible revenu. Le manque d'accès à l'eau et aux services d'assainissement de base persiste, ainsi que la pénurie d'électricité, tout cela nécessitant des investissements en infrastructures. Il en faut aussi pour suivre l'augmentation prévue de la population mondiale, estimée à 24 % d'ici 2072, date à laquelle elle atteindrait 9.22 milliards d'habitants (ONU, 2009). Cette augmentation aura surtout lieu dans les régions les moins développées, d'où un besoin accru de nouvelles infrastructures économiques dans les domaines de l'énergie, de l'eau, de l'assainissement, des transports, ainsi que d'infrastructures sociales comme les écoles et les hôpitaux. Globalement, les besoins d'investissement annuels en matière de télécommunications, de routes, de chemins de fer et d'électricité (transport et distribution) ont été estimés à 2.5 % du produit intérieur brut mondial (PIB) (OCDE, 2007).

Tableau 1.1. **Estimation des dépenses d'infrastructures nécessaires dans les années à venir**

Région	Estimation des dépenses d'infrastructures nécessaires
Monde	Il en faudrait aujourd'hui 20 700 milliards si tous les gouvernements décidaient simultanément d'adopter plus de 1 400 mesures destinées à sécuriser l'offre d'énergie après des décennies de sous-investissement dans les infrastructures de ce secteur.
Asie de l'Est	700 milliards USD par an dans les dix prochaines années.
Asie du Sud	88 milliards USD par an dans les dix prochaines années.
Europe de l'Ouest	600 milliards USD d'ici 2020 pour les transports.
Afrique	40 milliards USD par an pour les investissements, l'exploitation et la maintenance.
Pays de l'OCE et certains grands pays en développement (comme le Brésil, la Chine et l'Inde)	70 000 milliards USD de 2005-2007 à 2030 pour les transports terrestres (routes, chemins de fer et transports publics urbains), l'eau, les télécommunications, la transmission, la distribution et la production d'électricité ainsi que pour d'autres infrastructures en rapport avec l'énergie.
Pays en développement et en transition	Il faudra 80 milliards USD par an dans les 25 prochaines années pour assurer la sécurité de l'approvisionnement en eau.
Économies émergentes	22 000 milliards USD d'investissements prévus pour les dix prochaines années.

Source : adapté de CNUCED (2009), « The role of public investment in social and economic development http://unctad.org/en/Docs/webdiae20091_en.pdf.

Le besoin d'infrastructures concerne aussi les économies avancées, bien que l'accent mis sur le déficit d'infrastructures en ce sens est plus sur la qualité des infrastructures (graphique 1.3). Dans certaines d'entre elles, on note depuis quelques années une dégradation de la qualité (graphique 1.4). Ainsi, les pays de l'UE consacrent 70 % de leurs investissements publics à la maintenance des infrastructures créées antérieurement (OCDE, 2014a). Le besoin d'infrastructures est significatif dans les pays de l'OCDE, où des ouvrages essentiels comme des ponts et des tunnels datent d'il y a plus d'un siècle. En outre, beaucoup craignent que les dépenses de maintenance aient été inférieures au niveau optimal, d'où la perspective d'une hausse des coûts dans ce domaine. En Allemagne, par exemple, le rapport de la commission Daehre (Daehre, 2012) fait remarquer que les investissements en infrastructures routières ont reculé ces dernières années, passant de 1 % à quelque 0.7 % du PIB. Les dépenses brutes ont baissé de 24 % en termes réels au cours des vingt dernières années. Parallèlement, le transport de passagers a augmenté d'un quart et le transport de fret a été multiplié par trois. Les indicateurs qualitatifs montrent un net recul. Dans le cadre des financements actuellement prévus, les ressources disponibles sont inférieures de 3.3 milliards EUR aux dépenses nécessaires à la maintenance, à la rénovation et aux extensions. Combler ce manque à gagner ferait augmenter le budget de près de 50 % (OCDE/FIT, 2013).

Graphique 1.3. **Besoins d'investissements infrastructurels,
moyenne annuelle des pays de l'OCDE à l'horizon 2025/2030**

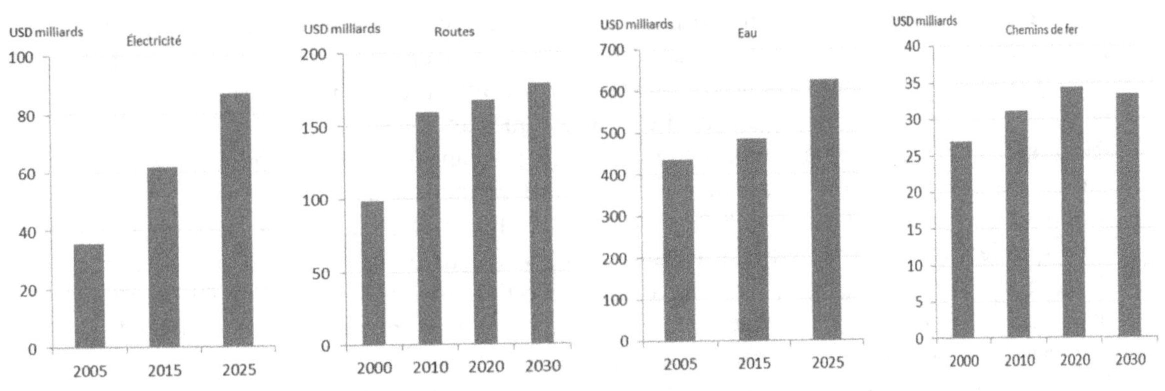

Source : OCDE (2007), *Les infrastructures à l'horizon 2030 – vol. 2 Électricité, eau et transports : quelles politiques ?*, Éditions OCDE, Paris, http://dx.doi.org/10.1787/9789264031340-fr

Graphique 1.4. **Qualité des infrastructures dans les économies du G7**

(Échelle de 1 à 7 ; un score élevé indique des infrastructures de meilleure qualité)

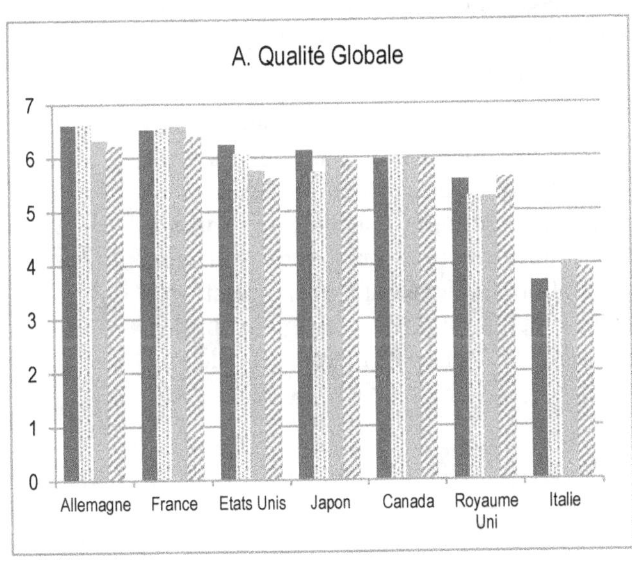

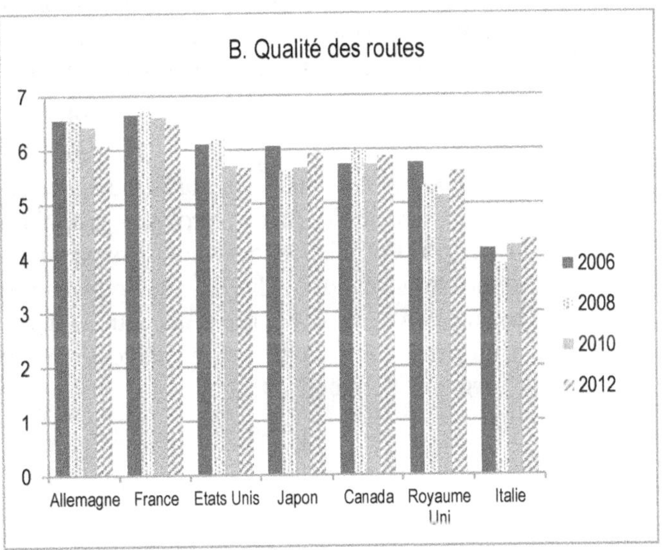

Source : FMI (Fonds monétaire international) (2014), « Le moment est-il propice à une relance des infrastructures ? Les effets macroéconomiques de l'investissement public », dans *Perspectives de l'économie mondiale : Nuages et incertitudes de l'après-crise*, FMI, Washington, DC, www.imf.org/external/french/pubs/ft/weo/2014/02/pdf/textf.pdf.

Pour maximiser l'impact des investissements publics, il est essentiel d'en éviter la capture

Bien que les besoins d'infrastructures soient amplement démontrés, se contenter d'augmenter le montant des dépenses publiques qui leur sont consacrées n'est pas nécessairement la bonne solution ; ces dépenses doivent être productives pour créer véritablement une valeur et une utilité économiques et sociales. Ainsi, le rendement marginal des investissements infrastructurels sur le plan de la productivité dépend du niveau des infrastructures préexistantes. Au-delà de certains seuils, l'effet marginal sur la productivité fléchit (CNUCED, 2009). La décision d'accroître ou non les infrastructures ainsi que le choix de l'infrastructure dans laquelle investir et du mode d'investissement, doivent donc s'opérer avec prudence. L'influence des intérêts en place sur la décision peut même entraîner un rendement négatif pour la productivité ou un excédent d'infrastructures, avec la création d'« éléphants blancs » (c'est-à-dire de projets infrastructurels qui ne répondent pas à la demande de la population et dont les coûts de construction, de fonctionnement et de maintenance ne sont pas justifiés par leur utilité ultime).

Le coût de l'inefficience des dépenses consacrées aux infrastructures publiques n'est pas seulement économique. Des preuves de gaspillage des ressources collectives peuvent coûter cher aux gouvernements en perte de crédibilité et de confiance des citoyens. Ils ont pour mission de dépenser efficacement l'argent des contribuables en l'affectant au bien-être de l'économie et de la société. Sachant que nombre d'entre eux ont une marge d'action budgétaire de plus en plus réduite après la crise économique, des décisions de dépenses en infrastructures ne reposant pas sur une évaluation stricte des besoins et une rigoureuse analyse coûts-avantages peuvent être préjudiciables non seulement au budget, mais aussi à la confiance de la population dans les institutions publiques.

Ainsi, selon le baromètre mondial sur la corruption 2013 de Transparency International, plus de 50 % en moyenne des personnes interrogées dans les pays de l'OCDE pensent que leur gouvernement est dirigé par quelques entités qui agissent en fonction de leurs intérêts propres (graphique 1.5). La corruption constitue un obstacle majeur à l'efficience de l'investissement dans les infrastructures publiques. Plusieurs études montrent que « les pays où le niveau de corruption est élevé ont tendance à investir moins dans les systèmes d'éducation et de santé et plus dans de prestigieux projets d'infrastructures dont les avantages pour la société ne sont pas toujours évidents » (Vargas et Sommer, 2014).

Graphique 1.5. Pourcentage de personnes interrogées qui pensent que leur gouvernement est dirigé par quelques grandes entités agissant en fonction de leurs intérêts propres

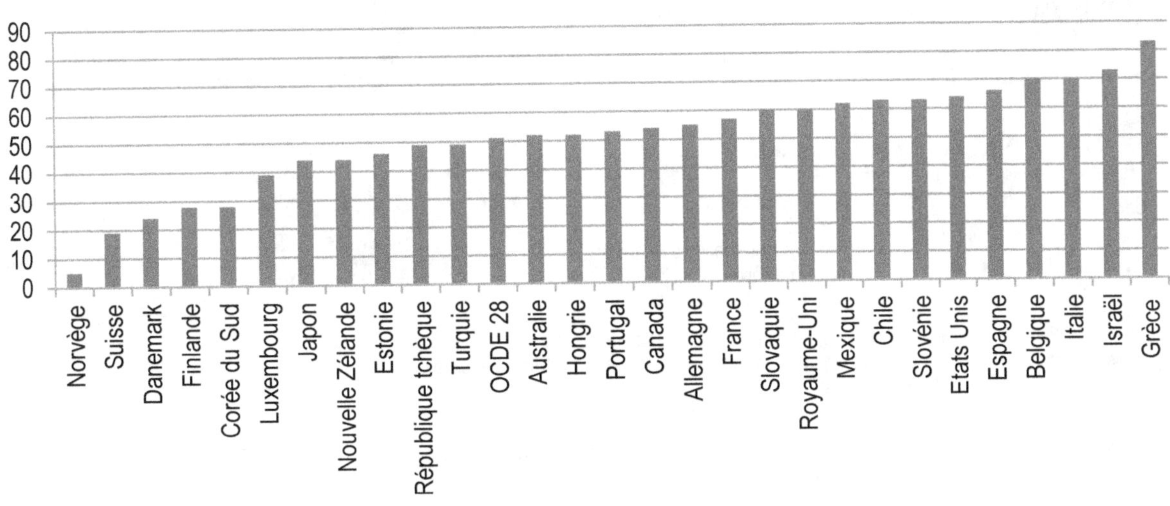

Note : les données statistiques concernent Israël sont fournies par et sous la responsabilité des autorités israéliennes compétentes. L'utilisation de ces données par l'OCDE est sans préjudice du statut des hauteurs du Golan, de Jérusalem-Est et des colonies de peuplement israéliennes en Cisjordanie aux termes du droit international.

Source : Transparency International (2013), « Baromètre de la corruption dans le monde en 2013 », www.transparency.org/gcb 2013

La nature de l'investissement infrastructurel public l'expose particulièrement à la corruption

Les pots-de-vin, la « capture » des politiques publiques, les détournements de fonds, l'abus de fonctions et le trafic d'influence sont des exemples communs d'actes de corruption, bien que leur définition juridique exacte varie selon les pays. Dans plusieurs pays de l'OCDE, la corruption est citée comme l'une des plus grandes du monde des affaires (WEF, 2014) et reste une contrainte dominante majeure pour investir. En Europe, on estime qu'elle coûte à l'économie de l'UE 120 milliards EUR par an, un chiffre à peine inférieur au budget annuel de l'Union (Commission européenne, 2014). En outre, selon un sondage Gallup de 2012, 57 % des habitants des pays membres de l'OCDE ont l'impression que la corruption est répandue dans les milieux d'affaires.

De récents faits cités dans le Rapport de l'OCDE sur la corruption transnationale laissent penser que certains secteurs pourraient être plus sensibles à la corruption que d'autres. Selon ce rapport, **près de 60 % des affaires de corruption intervenant à l'étranger ont lieu dans quatre secteurs en rapport étroit avec les infrastructures** : 19 % dans les industries extractives, 15 % dans la construction, 15 % dans les transports et l'entreposage et 10 % dans l'information et la communication (graphique 1.6).

Graphique 1.6. **Secteurs connaissant le plus de cas de corruption transnationale et objectifs de cette corruption, 2014**

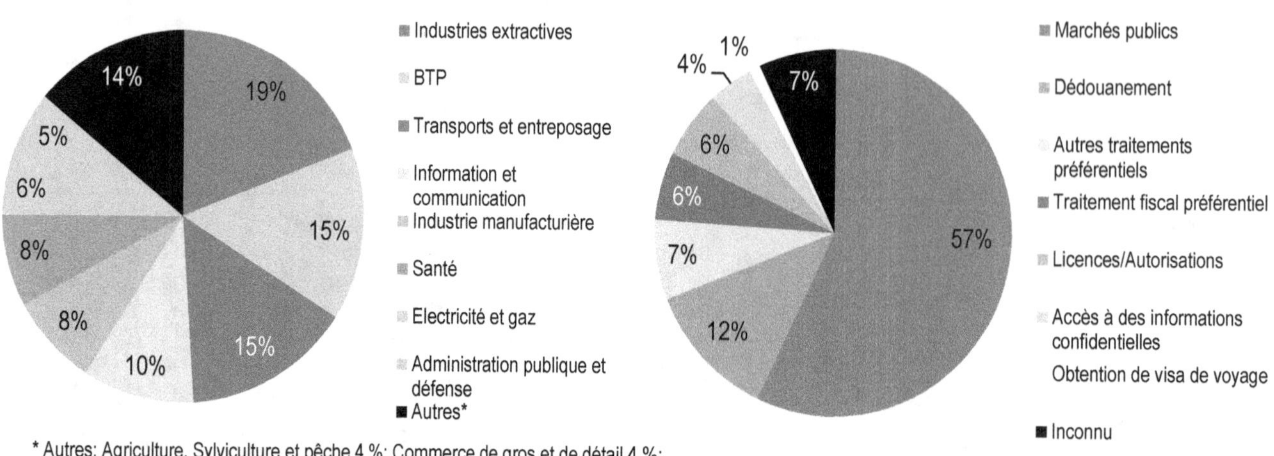

* Autres: Agriculture, Sylviculture et pêche 4 %; Commerce de gros et de détail 4 %; Approvisionnement en eau 3 %,;Activités d'organisations extraterritoriales 4 %; Activités financières et d'assurance 1 % ; Autres activités de service 1 %.

Note : les secteurs sont répertoriés selon la Classification internationale type, par industrie, de toutes les branches d'activité économique (CITI) établie par les Nations Unies, Rev.4 (http://unstats.un.org/unsd/cr/registry/regcst.asp?Cl=27&Lg=1).

Source : OCDE (2014b), *Rapport de l'OCDE sur la corruption transnationale : une analyse de l'infraction de corruption d'agents publics étrangers*, Éditions OCDE, Paris, http://dx.doi.org/10.1787/9789264226623-fr.

Fréquemment, des allégations de corruption visent des projets d'infrastructures financés par l'État. En effet, le degré de pouvoir discrétionnaire des responsables publics et des fonctionnaires sur les décisions d'investissement, l'importance des sommes en jeu et la multiplicité des étapes et des parties prenantes rendent ces projets plus vulnérables à des influences inappropriées. La capture des décisions d'investissement par des intérêts particuliers au moyen de pratiques de lobbying peu transparentes et intègres et de financements déséquilibrés de partis politiques a des effets nuisibles. Les déficiences des procédures d'attribution de marchés publics utilisées pour la gestion des investissements en infrastructures publiques donnent aussi des possibilités de corruption. En fait, selon le *Rapport de l'OCDE sur la corruption transnationale*, les pots-de-vin servent majoritairement à obtenir des contrats de marchés publics (graphique 1.6) (OCDE, 2014b). Outre les pots-de-vin, on trouve, parmi les pratiques de corruption les plus communes concernant l'exécution de projets d'infrastructures, la collusion en matière d'offres, la fixation de prix abusifs, le contournement des procédures de marchés publics, la facturation frauduleuse et la livraison de produits de qualité inférieure pour réduire les coûts. En outre, comme les investissements sont de plus en plus complexes du fait de l'usage de nouvelles technologies et de l'informatisation, la corruption peut intervenir dans la phase de maintenance et d'après-vente, avec des manquements concernant les contrats de maintenance, d'inspection et de mise à jour.

Le caractère décentralisé de la plupart des projets d'investissement public (voir graphique 1.2) peut aussi les exposer particulièrement aux pratiques de corruption. Certes, la décentralisation réduit les possibilités d'actes de corruption parce qu'elle accroît la responsabilité des politiques vis-à-vis des citoyens dont ils servent les intérêts (en d'autres termes, les électeurs devraient en principe être capables de mieux discerner la qualité de leurs élus et des résultats qu'ils obtiennent ; de même, le personnel politique local est censé mieux connaître les besoins spécifiques et la situation de sa circonscription). Toutefois, il peut aussi y avoir de plus grandes possibilités de corruption et moins d'obstacles à celle-ci (notamment dans l'attribution des marchés publics) à l'échelon local qu'au niveau national du fait, dans certains cas, d'une moindre capacité de gouvernance locale, avec par exemple des fonctions de contrôle moins développées et une visibilité inférieure pour la presse et le public (c'est-à-dire une moindre transparence). Dans de nombreux pays de l'OCDE, il existe effectivement au niveau infranational des risques significatifs de corruption, avec notamment des conflits d'intérêts dans la prise de décision, la répartition des ressources et l'allocation des marchés publics (Commission européenne, 2014).

Enfin, les grands projets d'infrastructures étant bien connus de la population, ils donnent lieu à des incitations politiques qui peuvent conduire au gaspillage. Par exemple, les élus peuvent avoir tendance à préférer de nouveaux projets à la maintenance et à la réparation des actifs existants pour gagner en popularité et en prestige en associant à leur mandat la réalisation d'un ouvrage d'importance majeure. Dans ce cas, l'influence des intérêts particuliers se fait moins sentir dans l'administration de l'investissement que dans la décision même de l'entreprendre.

On peut citer un exemple d'investissement public improductif causé par la corruption : un responsable public a été démis de ses fonctions pour avoir accepté un pot-de-vin estimé à 150 millions USD environ dans le cadre d'un projet de chemin de fer à grande vitesse. On a aussi constaté un détournement de quelque 28.5 millions USD. Après l'annonce que la mise en service de la ligne serait retardée et que les trains rouleraient moins vite que ce qui était initialement prévu, des inquiétudes se sont exprimées à propos de la qualité du réseau du transport. La nature de la corruption dans ce projet particulier a fait douter de sa qualité, bien que l'unité d'audit n'ait trouvé aucun défaut sur ce plan. Après l'achèvement du projet, la faible fréquentation due au prix élevé des billets a entraîné la non-rentabilité du service et des pertes financières pour l'État.

Dans une autre affaire, les allégations de corruption visent la construction, financée par la puissance publique, d'infrastructures destinées à un grand événement sportif international. L'instance de contrôle des comptes enquête sur des facturations frauduleuses ainsi que sur les relations entre la société de construction ayant obtenu le marché et des officiels hauts placés. La donation effectuée par la société en question au parti politique de ces officiels a très fortement augmenté pendant la période électorale qui a précédé l'événement sportif. Le coût effectif de la construction est presque quatre fois supérieur aux estimations faites avant la décision d'organiser l'événement. Le mécontentement est profond, car la construction a été entièrement financée sur fonds publics et cela à un moment où les besoins d'autres infrastructures, notamment en matière d'eau, d'énergie et de transport, sont considérés comme urgents.

La corruption augmente le coût de l'investissement, ce qui réduit sa qualité et sa rentabilité

La corruption a un coût élevé. Son coût direct comprend les pots-de-vin, la hausse des dépenses, la raréfaction de services essentiels, une moindre qualité et une mauvaise allocation des fonds publics (OCDE, 2015c). Lorsqu'il y a versement de pots-de-vin au cours d'un processus d'investissement, il arrive que ceux qui les versent cherchent à en récupérer le montant en gonflant les prix, en facturant des travaux non réalisés, en ne respectant pas les termes du contrat, en effectuant un travail de moindre qualité ou en utilisant des matériaux inférieurs. Il en résulte un coût exagéré de l'investissement public ainsi qu'une baisse de sa qualité. Ces pratiques compromettent évidemment l'efficience de l'investissement. Ainsi, une étude réalisée par l'OCDE et la Banque mondiale montre que la corruption dans les secteurs des infrastructures et des activités extractives entraîne une mauvaise allocation des crédits budgétaires, tandis que les services fournis sont de faible qualité et en quantité insuffisante (tableau 1.2). En outre, il ressort de recherches récentes que l'investissement, dans une acception large, n'est bénéfique à la croissance que lorsque la corruption est faible, alors que son incidence semble insignifiante dans un contexte corrompu (Dort, Méon and Sekkat, 2014).

Tableau 1.2. **Conséquences de la corruption selon les secteurs**

	Infrastructures	Industries extractives
Allocation défectueuse de l'argent public	Surinvestissement et mauvais investissements dans les infrastructures.	Distorsion du budget au détriment des services destinés aux plus démunis. Dépendance à l'égard de ressources naturelles.
Gaspillage de ressources	Subventions excessives. Les coûts trop élevés de la construction entraînent des pertes pour les contribuables.	Les flux financiers illégaux peuvent résulter du détournement de fonds publics. Une gouvernance inefficiente du secteur freine le potentiel de production et de recettes.
Gonflement des prix	Des pots-de-vin sont exigés pour l'accès à l'eau et à l'électricité. Enchérissement de l'énergie.	Les conditions-cadre du développement de l'activité d'autres secteurs de l'économie sont largement négligées, d'où des prix non compétitifs pour les personnes physiques et les entreprises.
Diminution de la qualité	Mauvaise qualité des routes et d'autres ouvrages. Prestation médiocre de services collectifs (par exemple coupures d'électricité).	Il y a peu de conséquences si les services sont inférieurs. Faible qualité de la prestation de services de base, notamment de santé et d'éducation.
Pénurie	Services de réseau pas toujours assurés dans toutes les régions malgré les engagements contractuels.	« Rareté » des soumissionnaires si les appels d'offres pour l'obtention de licences d'extraction de pétrole sont manipulés.
Répartition inéquitable des avantages	Catégories pauvres plus exposées si l'État n'assure pas bien l'approvisionnement en électricité et en eau ainsi que l'assainissement.	La corruption politique est source d'inégalité des revenus.
Environnement, santé et sécurité	Une construction de mauvaise qualité et l'usage de matériaux médiocres ou toxiques nuisent à la santé, entraînant des invalidités et des décès. Contamination de l'eau, de la chaîne alimentaire et des systèmes d'assainissement.	Atteintes à l'environnement, manque de sécurité dans la production (qui cause des problèmes de santé et des décès). Contamination de l'eau, de la chaîne alimentaire et des systèmes d'assainissement.
Autres conséquences négatives	Fraude fiscale ou comptable. Vol d'électricité, détournement de fonds dans la construction.	Conflit/guerre civile, attaques terroristes, vol de pétrole, extraction illégale.

Source : D'après OCDE (2015c), *Consequences of Corruption at the Sector Level and Implications for Economic Growth and Development*, Éditions OCDE, Paris, http://dx.doi.org/10.1787/9789264230781-en.

La corruption se manifeste aussi par des coûts indirects plus subtils – « comme une moindre incitation à innover si les marchés ou les emplois sont attribués sur d'autres critères que les qualifications, le fait de ne pas recevoir de l'administration un service auquel on a droit, une perte de confiance dans les institutions publiques et une anti-sélection des entreprises (tandis que les acteurs honnêtes s'abstiennent) ; les jeunes de talent s'efforcent d'obtenir des rentes ou de bien se positionner favorablement au lieu de faire un travail productif » (OCDE, 2015c). Il est difficile de calculer et d'évaluer les coûts indirects, mais leurs effets préjudiciables à l'économie, à la société et à l'État ne peuvent être ignorés.

Évaluer l'ampleur de la corruption dans les investissements infrastructurels publics est un véritable défi, car elle ne laisse habituellement pas de traces écrites. Toutefois, plusieurs études ont tenté de chiffrer les pertes qui en résultent. On a estimé, par exemple, que 10 à 30 % de l'investissement dans un projet de construction à financement public pouvaient être gaspillés à cause de la corruption et d'une mauvaise gestion (CoST, 2012). Selon une autre estimation, les pertes annuelles à l'échelle mondiale dans le secteur du bâtiment et des travaux publics dues à une gestion déficiente, aux inefficiences et à la corruption pourraient atteindre 2 500 milliards USD d'ici 2020 (CoST, 2012). L'encadré 1.1 présente certaines tentatives d'estimation du coût de la corruption dans les infrastructures publiques.

Encadré 1.1. **Coût de la corruption dans les infrastructures publiques au Canada, en Chine et aux Pays-Bas**

Canada

Le 19 octobre 2011, la Commission d'enquête sur l'octroi et la gestion de contrats publics dans le secteur de la construction, connue sous le nom de Commission Charbonneau, a été mise en place par le gouvernement du Québec pour enquêter sur l'importance des faits de collusion et de corruption dans les contrats de BTP concernant, en particulier, des organisations et des entreprises de l'État du Québec et des communes, y compris les liens éventuels avec le financement de partis politiques.

Les témoins ont décrit différentes pratiques en rapport avec l'attribution de contrats publics utilisées par des fonctionnaires, des sociétés de conseil en ingénierie, des entrepreneurs en bâtiment et des organisations politiques à l'échelon municipal et provincial. Par exemple :

- des montages pour l'attribution de marchés
- le paiement injustifié à des officiels d'un pourcentage du montant des contrats attribués dans certaines communes
- la collusion entre des ingénieurs et des entrepreneurs
- la corruption de certains officiels à l'échelon municipal et provincial
- la présence d'organisations criminelles dans le secteur de la construction
- le financement de partis politiques en liaison avec l'attribution de contrats publics dans le secteur de la construction
- l'utilisation de fausses factures.

Chine

Bien que le tremblement de terre de 2008 au Sichuan, province du sud-ouest de la Chine, ait été indéniablement un phénomène naturel, la plus grande partie des destructions et de nombreuses pertes humaines auraient pu être évitées. Parmi les 70 000 tués, on compte beaucoup d'élèves victimes de l'effondrement de bâtiments scolaires.

Dans de nombreux cas, des établissements scolaires relativement récents ont été anéantis en quelques secondes, ce qui a empêché les enfants de s'échapper. En revanche, d'autres édifices proches sont souvent restés debout, ce qui montre la gravité des déficiences dans la construction des écoles. Des parents en colère les ont qualifiées de bâtiments « en carton-pâte », grâce auxquels des fonctionnaires et des hommes d'affaires locaux avaient détourné de l'argent public.

Quatre mois après cet événement, une commission gouvernementale a reconnu que la médiocrité du travail et des matériaux utilisés – résultant, semble-t-il, de la collusion entre des fonctionnaires du ministère de l'Éducation, des responsables locaux et des entreprises de construction, qui auraient empoché les fonds excédentaires – avaient pu causer l'effondrement de 7 000 salles de classe.

Encadré 1.1. **Coût de la corruption dans les infrastructures publiques au Canada, en Chine et aux Pays-Bas** *(suite)*

Pays-Bas

En décembre 2002, à la suite de la présentation d'un document télévisé donnant des preuves de collusion, de trucage d'offres et de pratiques de corruption impliquant des entreprises "du BTP et des responsables publics, plusieurs enquêtes ont été diligentées par le parlement, le cabinet, le ministère de la justice et l'autorité nationale de concurrence. Elles ont démontré l'usage répandu d'ententes et de manipulations d'appels d'offres dans le secteur du bâtiment et des travaux publics. Selon les médias, ces pratiques frauduleuses auraient coûté aux contribuables 500 millions EUR par an pour approximativement 3 500 projets. Les enquêtes et les faits allégués ont eu une grande incidence sur la confiance ainsi que sur les rapports entre les clients du secteur public et le secteur du BTP.

Sources : Commission d'enquête sur l'octroi et la gestion des contrats publics dans l'industrie de la construction (2014), « Discours de clôture », www.ceic.gouv.qc.ca/la-commission/discours-de-cloture.html ; Dorée, A. G. (2002), « Collusion in the Dutch construction industry : An industrial organization perspective », *Building Research and Information* (2004), 32(2), mars-avril, pp. 146–156, www.utwente.nl/ctw/p3bi/te_downloaden_publicaties/bri_collusie_definitief.pdf ; Wong, Edward (2008), « China admits building flaws in quake », *The New York Times*, 4 septembre 2008, www.nytimes.com/2008/09/05/world/asia/05china.html ?_r=0 ; Divjak, Carrol (2008), « Corruption and shoddy construction behind school collapses in China earthquake », *World Socialist Web Site*, www.wsws.org/en/articles/2008/10/chin-o16.html.

La corruption portant sur les investissements en infrastructures entraîne aussi une perte de confiance envers les autorités

Le coût de la fraude et de la corruption dans le domaine de l'investissement public n'est pas seulement économique ; il est aussi institutionnel et politique, avec des conséquences sérieuses pour la légitimité de l'appareil d'État ainsi que pour la capacité des dirigeants élus et des institutions gouvernementales à opérer efficacement. Le graphique 1.7 montre une forte corrélation entre la corruption ressentie et la confiance à l'égard des autorités publiques. Plus l'impression de corruption est grande, moins la population a confiance.

Graphique 1.7. Corrélation : confiance à l'égard des autorités publiques et perception de leur corruption, 2014

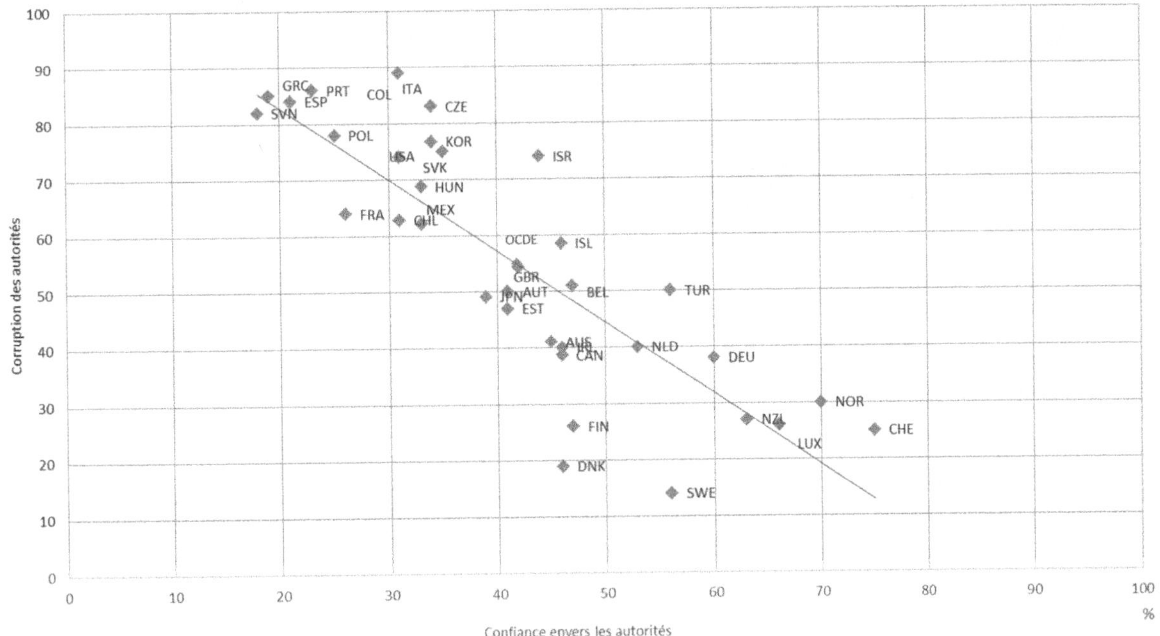

Note : les données statistiques concernant Chypre sont fournies par et sous la responsabilité des autorités israéliennes compétentes. L'utilisation de ces données par l'OCDE est sans préjudice du statut des hauteurs du Golan, de Jérusalem-Est et des colonies de peuplement israéliennes en Cisjordanie aux termes du droit international.

Source : sondage mondial Gallup www.gallup.com.

Compte tenu de l'importance de leurs conséquences financières et stratégiques, les grands projets d'investissement public sont généralement bien connus des citoyens et des médias, et suscitent beaucoup d'intérêt de leur part. Des résultats médiocres ou des allégations de corruption (bien qu'exagérées par l'effet de ralliement) peuvent donc influencer l'opinion qu'ont les citoyens des dirigeants élus ainsi que de l'efficacité et de la légitimité des institutions publiques.

Vers un cadre d'action complet, cohérent et ciblé pour promouvoir l'intégrité de l'investissement public

Aux différentes étapes du cycle de l'investissement public, surtout infrastructurel, la corruption peut être le fait d'un grand nombre d'acteurs, dont des responsables publics élus et non élus, des représentants d'intérêts, des organisations à but non lucratif, des syndicats, des entrepreneurs, des ingénieurs et des fournisseurs. En outre, en raison de l'envergure et de la complexité des projets d'infrastructures, les responsables publics demandent souvent l'assistance technique de sociétés de conseil. Celles-ci peuvent jouer un rôle dissuasif à l'égard de la corruption, mais leur position leur donne aussi des occasions de s'y livrer. Des études montrent que les consultants peuvent être fortement incités à prolonger la durée de vie des projets (Flyvbjerg, Garbuio et Lovallo, 2009), qu'ils soient ou non faisables, afin de réaliser des bénéfices et de préserver leur réseau. Le cycle de l'investissement public est exposé à la corruption sous toutes ses formes. Elle peut se manifester à différentes phases et de nombreuses façons : influence inappropriée d'intérêts particuliers, capture du projet d'investissement par ces mêmes intérêts ou versements de pots-de-vin lors d'une procédure d'attribution de marchés publics. Les sections suivantes décrivent les points d'entrée de la corruption et les principales formes qu'elle revêt aux différents stades du cycle de l'investissement public (graphique 1.8).

Graphique 1.8. **Cycle de l'investissement public**

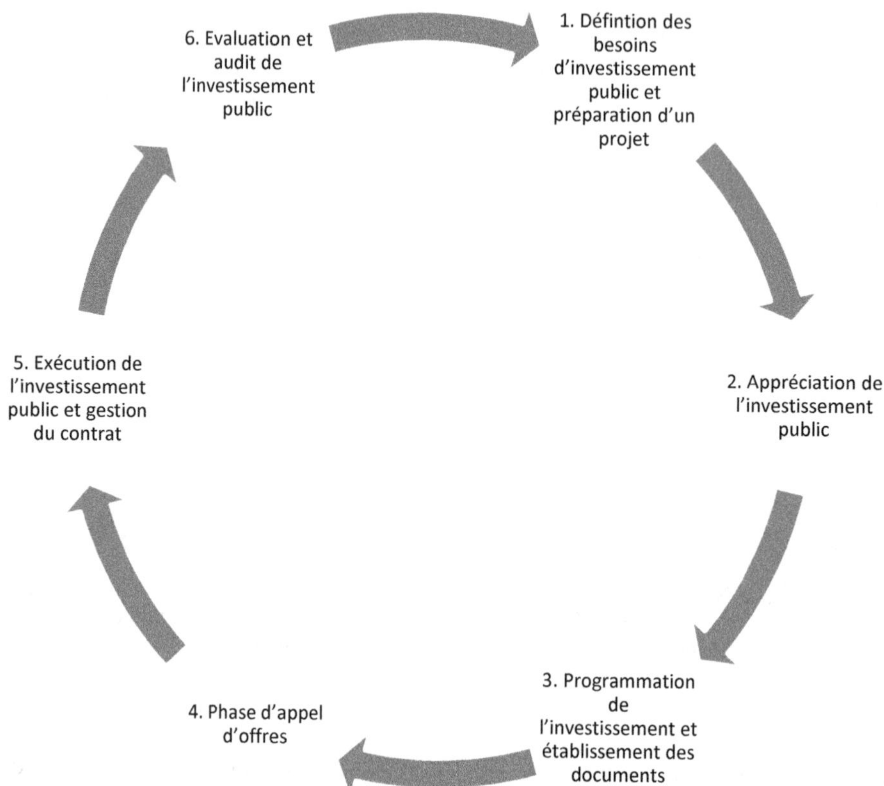

Toutefois, il n'existe pas de cadre d'action complet, cohérent et ciblé pour répondre aux risques spécifiques de corruption en matière d'investissement public. Les États ne peuvent à eux seuls faire reculer la corruption – la contribution du monde des affaires constitue aussi un élément essentiel de la lutte contre ce phénomène. En s'inspirant des instruments dont dispose l'OCDE dans ce domaine, cette section expose les conduites et les risques de corruption à chaque étape du cycle de l'investissement, puis décrit des instruments et des mécanismes destinés à promouvoir l'intégrité de l'investissement public dans l'intérêt d'une croissance économique durable.

1. Phase de définition des besoins et de préparation d'un projet

Le cycle de l'investissement public commence par la définition des besoins et la recherche du meilleur moyen de les satisfaire. S'il faut par exemple franchir un cours d'eau, la phase d'évaluation des besoins doit déterminer si la meilleure solution serait la construction d'un pont ou la mise en place d'un ferry. Il s'agit de s'assurer que l'infrastructure ou l'investissement programmé soit économiquement et socialement justifié.

Les participants à la phase de définition des besoins d'investissement public et de préparation des projets peuvent être les responsables publics à haut niveau, élus et non élus, chargés de concevoir le projet, des représentants d'intérêts, des syndicats, des régulateurs, des organisations non gouvernementales (ONG) et les fournisseurs potentiels. Cette étape initiale du cycle du projet est particulièrement sensible parce qu'une capture de l'action publique peut alors avoir lieu. Il peut par exemple arriver qu'une ou plusieurs des catégories précitées cherchent à entreprendre un investissement public principalement dans leur propre intérêt ou pour en tirer un avantage politique, et recourent à la corruption pour y parvenir. Cela peut être le cas quand :

- des éléments intéressés, tels que des représentants d'intérêts, des coalitions politiques et/ou des syndicats, emploient des tactiques contraires à l'éthique et/ou basées sur la corruption pour orienter les décideurs dans un sens favorable à leurs intérêts particuliers ;

- les décideurs sont incités à effectuer un investissement ou une acquisition superflus. Le but est de faire bénéficier une catégorie particulière d'un avantage ayant peu ou pas de valeur pour la société ;

- les décideurs sont incités à voter pour l'édification d'une nouvelle infrastructure plutôt que pour l'entretien de celles qui existent. Le motif peut être la recherche du prestige politique lié à la création de cette infrastructure pendant le mandat d'un élu ou la perspective d'un gain financier ; en effet, les contrats passés pour le lancement de nouvelles infrastructures sont plus onéreux que les contrats d'entretien, et donc plus susceptibles de donner lieu à des pots-de-vin substantiels ;

- des responsables publics reçoivent des pots-de-vin d'un groupe d'intérêts en échange d'informations confidentielles sur les priorités de la politique du gouvernement ou de documents à caractère stratégique, avant qu'ils soient rendus publics ;

- des contacts noués entre les concepteurs d'un projet et des intermédiaires, notamment les organes publics qui fournissent ou obtiennent des fonds pour sa réalisation, peuvent avoir une incidence sur la programmation de travaux publics et entraîner des obligations d'action judicieuses ;

- des élus sélectionnent un investissement public spécifique qui profite aux entreprises ayant contribué à leur campagne électorale.

- des élus donnent la préférence à des investissements publics qui seront effectués dans le cadre de concessions ou de partenariats public-privé (PPP), afin d'avantager un opérateur privé ayant contribué à leur campagne électorale ;

- un investissement public spécifique est sélectionné parce que le fonctionnaire qui a donné son accord à cet investissement a reçu un pot-de-vin d'un fournisseur potentiel ;

- un investissement public spécifique est sélectionné parce que le fonctionnaire responsable ou un membre de sa famille fait partie du conseil d'administration de l'entreprise susceptible de concevoir et de réaliser cet investissement ou de participer à sa réalisation ;

- un investissement public spécifique est sélectionné parce que le fonctionnaire responsable a un rapport d'allégeance (emploi précédent ou ancienne relation d'affaires) avec l'entreprise susceptible de concevoir et de réaliser cet investissement ou de participer à sa réalisation.

2. Phase d'appréciation

La phase d'appréciation sert à évaluer la faisabilité d'un projet d'infrastructures, à obtenir l'autorisation officielle et à déterminer comment et par qui il sera financé. Les banques, les entreprises privées, les fonds de pension/caisses de retraite et les compagnies d'assurance jouent un rôle essentiel en apportant les ressources nécessaires à la réalisation du projet, mais cette phase comprend aussi le versement de fonds publics conditionné à l'approbation de certaines entités publiques. On recrute souvent des consultants pour réaliser des études de faisabilité et des analyses coûts/avantages.

Pendant cette phase, des responsables élus et non élus à tous les niveaux administratifs, des entreprises, des consultants, des représentants d'intérêts et des parties prenantes au financement (banques, agents financiers) peuvent chercher à nouer et/ou à gérer une entente financière concernant l'investissement public. Cela peut être le cas quand :

- une société de conseil chargée de l'étude de faisabilité sous-estime intentionnellement les coûts, tout en surestimant les avantages ;

- des consultants prolongent la durée de vie des projets pour réaliser des bénéfices et préserver leurs réseaux ;

- un fonctionnaire donne des informations incomplètes ou fausses, dans le cadre des études de faisabilité sociale, économique ou environnementale, pour s'assurer que l'investissement public sera approuvé ;

- un fonctionnaire ou le entreprise/l'opérateur privé pressenti verse un pot-de-vin à la personne (ou à l'entreprise) chargée des études de faisabilité sociale, économique ou environnementale pour s'assurer que l'investissement public sera approuvé ;

- les évaluations du risque financier pour l'investisseur peuvent être niées ou manipulées pour minimiser les risques que présente l'entreprise. L'opérateur privé potentiel d'un PPP ou d'une concession verse un pot-de-vin à un fonctionnaire pour qu'il n'effectue pas correctement l'analyse de répartition des risques, l'analyse de sensibilité ou d'autres mesures de précaution. Cela permet d'augmenter le montant versé par l'État pour équilibrer financièrement le projet au départ ou lors de renégociations futures ;

- l'opérateur privé potentiel d'un PPP ou d'une concession verse un pot-de-vin à un fonctionnaire pour qu'il ne bloque pas le terrain sur lequel le projet sera réalisé et pour qu'il divulgue des informations sur son emplacement, de sorte que l'opérateur privé potentiel puisse l'acheter et faire augmenter le coût de l'expropriation ;

- une institution ou un agent financier, par exemple une banque, verse un pot-de-vin à un fonctionnaire chargé de l'investissement public pour obtenir le contrat de financement de l'investissement.

3. Phase de programmation et d'établissement des documents

L'élaboration des documents relatifs à l'appel d'offres et du cahier des charges constitue une étape très importante pour garantir l'honnêteté et l'équité de la gestion d'un projet d'infrastructures, car elle détermine ses spécificités et les détails du travail à accomplir. Ces documents doivent être établis de manière à permettre un processus d'adjudication concurrentiel et une analyse coûts-avantages fiable sur la base de laquelle sélectionner le(s) fournisseur(s). Il est essentiel que les documents relatifs à l'adjudication et le cahier des charges soient mis à la disposition de tous les soumissionnaires possibles afin qu'ils se trouvent tous sur un pied d'égalité. En outre, les annonces de lancement de marchés publics doivent être effectuées suffisamment à l'avance de sorte que tous les soumissionnaires disposent de délais appropriés pour faire part de leur intérêt.

Les parties intéressées par les étapes de programmation et d'établissement des documents sont le responsable du projet, les fonctionnaires chargés de la délivrance des permis de programmation et des autres autorisations, ainsi que les soumissionnaires et entreprises éventuels. À ce stade, les pratiques de corruption peuvent par exemple prendre les formes suivantes :

- Les biens et les services ou les coûts d'entretien nécessaires sont surestimés ou sous-estimés pour favoriser un soumissionnaire potentiel en particulier.

- Des erreurs cachées et des éléments fictifs peuvent être intégrés au calcul et à la conception du projet, avec des répercussions sur le cahier des charges ; cela laisse des possibilités susceptibles d'être exploitées ultérieurement pour justifier une augmentation des coûts et influencer la procédure de sélection. Les partenaires peuvent par exemple décider :

  - de limiter la durée de l'appel d'offres ;

  - d'utiliser des spécifications qui excluent une adjudication concurrentielle ;

  - de sélectionner des soumissionnaires supplémentaires fictifs ou qui ne soumettront probablement pas une offre compétitive ;

  - de prévoir un prix d'offre très bas et d'inclure des possibilités « cachées » d'élargir le contrat à un stade ultérieur pour permettre au fournisseur de récupérer des fonds.

- On établit un cahier des charges très confus pour dissimuler manipulations et corruption ainsi que pour rendre le suivi difficile.

- L'entreprise verse un pot-de-vin à un agent public afin d'obtenir le permis de programmation de l'investissement public ou l'autorisation d'un projet qui ne respecte pas les règles de construction applicables.

- Des entreprises versent des pots-de-vin à un agent public ou à une collectivité locale pour obtenir des informations confidentielles sur le processus de programmation et d'établissement des documents.

- Des soumissionnaires éventuels s'entendent pour que les modalités de l'appel d'offres favorisent l'un d'entre eux (cartels).

- Une entreprise verse des pots-de-vin aux agents publics ou à l'autorité responsable de la conception de l'investissement public pour que celui-ci lui corresponde et disqualifie les autres soumissionnaires éventuels. Ainsi, on peut exiger une certaine technologie, maîtrisée par un seul des soumissionnaires, alors que d'autres technologies pourraient être préférables ou moins coûteuses.

- Une entreprise verse des pots-de-vin à un décideur pour favoriser la conclusion directe d'un contrat « en urgence » sans passer par une mise en concurrence.

- Le concepteur, l'architecte ou l'ingénieur est en relation étroite avec l'agent public chargé de l'investissement public (c'est par exemple un membre de sa famille ou un ancien collègue), le entreprise ou les consultants.

- L'appel d'offres est divisé artificiellement en plusieurs lots afin de rester en deçà de certains seuils qui déclenchent une procédure.

- On sous-estime les travaux d'infrastructures pour transférer de lourdes dépenses aux étapes d'entretien et d'après-vente. L'investissement a alors plus de chances d'être réalisé et la plus grande part des gains va à l'entreprise chargée de l'entretien.

4. Phase d'appel d'offres

La phase d'appel d'offres est celle pendant laquelle les soumissions sont évaluées et les fournisseurs sélectionnés au vu de leurs propositions techniques et de leurs prix. Le responsable du projet peut choisir de traiter directement avec un entrepreneur principal qui réalise la construction, et avec des ingénieurs-conseils. Il peut aussi déléguer l'ensemble du projet à un maître d'œuvre ou traiter avec plusieurs entreprises pour différentes tranches de travaux (GIACC, 2013). Les critères de sélection doivent être clairs et transparents ; il ne faut pas que les décisions soient biaisées et que les fonctionnaires chargés du projet aient des conflits d'intérêts avec les soumissionnaires. Les documents soumis restent donc confidentiels jusqu'à ce que la décision soit prise pour éviter une manipulation des prix et pour que l'autorité contractante ait une idée claire de la situation du marché, des coûts et des prix de façon à effectuer une estimation appropriée des coûts.

Lors de cette phase, où les principaux acteurs sont les soumissionnaires, les entrepreneurs et les agents publics, les risques de corruption sont particulièrement élevés. Les exemples qui suivent montrent quelles formes elle peut prendre au moment de l'attribution d'un marché public ou de la conclusion d'un partenariat public-privé :

- Les soumissionnaires versent des pots-de-vin à un agent public ou à l'ingénieur-conseil pour obtenir des renseignements confidentiels sur le processus, les documents de l'appel d'offres et le prix de référence, ce qui crée une asymétrie de l'information pour tous les soumissionnaires potentiels.

- Un soumissionnaire verse des pots-de-vin à l'agent public responsable de l'investissement public afin qu'il écarte un autre soumissionnaire qualifié pendant l'étape de présélection.

- Un soumissionnaire verse des pots-de-vin à un agent public, en échange de quoi celui-ci lui garantit l'obtention du contrat. L'agent public peut éventuellement truquer l'évaluation de l'appel d'offres (par exemple les points donnés à l'évaluation technique) et le soumissionnaire corrupteur l'emporte.

- Le fonctionnaire responsable fait en sorte qu'il n'y ait pas de procédure concurrentielle. Il peut exciper de motifs fallacieux pour justifier un octroi direct (par exemple une technologie particulière maîtrisée seulement par le soumissionnaire, l'urgence ou la sécurité nationale).

- Un soumissionnaire verse une contribution au parti au pouvoir afin d'être certain de remporter l'appel d'offres ou la concession sans mise en concurrence, ou d'être privilégié par la méthode d'évaluation. Des soumissionnaires s'entendent pour donner l'impression d'une compétition en ayant recours à des stratagèmes tels que l'adjudication cachée, le retrait de soumissions, la rotation de soumissions et le partage du marché.

- L'agent public responsable attribue les contrats à des entreprises détenues par des membres de sa famille ou avec lesquelles il est en relation (par exemple un ancien ou un futur employeur).

5. Phase d'application et d'exécution du contrat

La phase d'exécution du contrat fait intervenir le responsable du projet, l'architecte, les ingénieurs-conseils, les entrepreneurs, les fournisseurs et leurs sous-traitants respectifs (GIACC, 2013). Il s'agit de l'étape la plus concrète car c'est à ce moment du cycle qu'a lieu le travail effectif de réalisation ou d'entretien. Elle commence par la finalisation du contrat et la conclusion des accords financiers, pour se terminer à l'expiration du contrat. Lors de cette phase, on attribue la direction du projet afin de garantir une bonne gestion des travaux et des produits et la hiérarchie des responsabilités. Il est important de se mettre d'accord sur un mécanisme de résolution des différends en cas de désaccord et de conflit. La concrétisation des propositions retenues entraîne de nombreuses décisions concernant la nature des matériaux fournis, le calendrier, la main-d'œuvre et tout événement imprévu susceptible de modifier l'accord initial.

Même si elles sont rarement couvertes par les règles applicables aux marchés publics, les étapes qui suivent l'évaluation et l'attribution effective du contrat sont tout aussi vulnérables à la corruption que les phases précédentes du cycle ; il est donc essentiel de disposer d'un mécanisme garantissant que le contrat est appliqué correctement, sans modification des coûts ou du niveau de qualité. Les exemples suivants reflètent la façon dont la corruption peut se produire lors de la mise en place et l'exécution d'un contrat :

- L'entreprise a de nombreux moyens de frauder au détriment du budget public : effectuer des tâches fictives, gonfler la quantité de travail, modifier les commandes, utiliser des matériaux d'une qualité inférieure à celle spécifiée dans le contrat, fournir des biens à des prix et d'une qualité inférieurs à ceux indiqués, et effectuer de façon insatisfaisante des services prévus au contrat, etc.

- La renégociation du contrat et du cahier des charges est autorisée après l'attribution du contrat, avec modification des obligations initiales.

- L'entreprise verse des pots-de-vin à l'agent public responsable et/ou à l'ingénieur-conseil pour qu'il demande des changements ; il s'agit de modifications de l'investissement public qui en augmentent la portée, la durée et le coût, d'où une hausse des prix acquittés par l'État.

- L'entreprise verse des pots-de-vin à l'agent public responsable et/ou à l'ingénieur-conseil pour qu'il donne son aval à un travail défectueux ou à sa non-exécution.

- L'entreprise produit des fausses factures et verse des pots-de-vin au fonctionnaire responsable et/ou à l'ingénieur-conseil pour qu'il avalise ou ignore la différence.

- L'entreprise indique un prix erroné pour des biens ou des services et verse des pots-de-vin à l'agent public responsable et/ou à l'ingénieur-conseil pour qu'il avalise ou ignore la différence.

- L'entreprise donne de fausses informations sur le temps de travail et la qualification de son personnel pour faire augmenter ou justifier les coûts acquittés par l'État, et verse des pots-de-vin à l'agent public responsable et/ou à l'ingénieur-conseil pour qu'il ne vérifie pas la véracité de ces informations.

6. Phase d'évaluation et d'audit

La phase finale de suivi et d'évaluation est essentielle ; c'est alors que les ministères concernés appliquent les mécanismes de contrôle interne. Il faut un audit interne et externe crédible et indépendant pour vérifier la mise en œuvre de ces contrôles et auditer directement les projets de travaux publics. L'instance chargée de l'examen doit être indépendante de l'entité publique à l'origine du processus de lancement des marchés publics. Il faut se mettre d'accord dès le départ sur un cadre d'évaluation, institutionnel et analytique, et le faire figurer au contrat pour garantir le recueil des bonnes informations tout au long de la période d'exécution du contrat (EPEC, 2015).

Lors de cette phase, les entreprises, les évaluateurs et les agents publics peuvent présenter de façon erronée les activités et les résultats au moyen : *i)* de l'introduction d'écarts dans les informations financières ; *ii)* du non-respect des normes et conditions financières ou non financières ; et *iii)* de performances inférieures à la normale. Les exemples suivants montrent quelles formes peut alors prendre la corruption :

- On verse des pots-de-vin aux auditeurs afin que les erreurs d'évaluation du risque financier par l'entité contractante soient ignorées, alors qu'elles auraient dû montrer qu'il était risqué d'attribuer le contrat au soumissionnaire ayant remporté l'appel d'offres.

- Une partie prenante falsifie les informations sur le financement, les processus et/ou les résultats pour obtenir une évaluation injustement favorable.

- Des parties prenantes falsifient la documentation financière demandée par les auditeurs.

- Des informations ne sont délibérément pas communiquées pour empêcher une évaluation par la société civile.

- Des auditeurs internes ou externes se rendent complices en limitant leurs demandes d'informations.

- Des parties se rendent complices en scindant les contrats pour ne pas dépasser le seuil financier qui déclenche un audit préalable ; le but est de pouvoir exécuter des projets qui n'ont pas été conçus conformément aux règles.

- L'agent public responsable fait appel à une société avec laquelle il est en relation étroite pour s'assurer que l'auditeur ne fera pas part de ses constatations.

- L'entreprise et/ou l'agent public responsable verse un pot-de-vin à l'auditeur pour s'assurer que celui-ci ne fera pas état de ses conclusions légitimes sur la non-conformité ou sur une performance inférieure à la norme.

- On verse des pots-de-vin aux auditeurs pour qu'ils fassent des observations favorables.

Bibliographie

Ades, A. et R. Di Tella (1999), « Rents, Competition, and Corruption », *American Economic Review*, 89(4), pp. 982 993, http://tudresden.de/die_tu_dresden/fakultaeten/philosophische_fakultaet/is/makro/lehre/download/rntexte/we/ades%20ti_%20tella.pdf.

Agence suédoise de coopération pour le développement international (2015), *Sidas hantering av korruptionsmisstankar, årsrapport 2014*, www.sida.se/globalassets/global/sa-arbetar-vi/anti-corruption/sida_arsrapport_2014_korruption_se_webb.pdf.

Anderson, E., P. de Renzio et S. Levy (2006), « The Role of Public Investment in Poverty Reduction : Theories, Evidence and Methods », Overseas Development Institute, www.odi.org/sites/odi.org.uk/files/odi-assets/publications-opinion-files/1786.pdf.

Banque européenne d'investissement (2010), « Public and private financing of infrastructure », *EIB Papers*, vol. 15, n° 1, www.eib.org/attachments/efs/eibpapers/eibpapers_2010_v15_n01_en.pdf.

Banque mondiale (2015), « Les données ouvertes de la Banque mondiale », http://donnees.banquemondiale.org/frontpage.

Banque mondiale (2005), *Un meilleur climat de l'investissement pour tous*, www-wds.worldbank.org/external/default/WDSContentServer/WDSP/IB/2006/08/11/000160016_20060811154330/Rendered/PDF/28829128041478780WDR0French02005.pdf.

Beck, P. et M. Maker (1986), « A comparison of bribery and bidding in thin markets », *Economic Letters*, 20, pp. 1-5.

Bo, Dal, E. et M. A. Rossi (2007), « Corruption and inefficiency : Theory and evidence from electric utilities », *Journal of Public Economics*, Elsevier, vol. 91(5-6), pp. 939-962, juin, www.sciencedirect.com/science/article/B6V76-4MWXT56-1/2/775f042ac4bb49feacc304867c4eeddb.

Broudehoux, A.-M. (2007), « Spectacular Beijing : The conspicuous construction of an olympic metropolis », *Journal of Urban Affairs*, vol. 29, n° 4, pp. 383–399, http://onlinelibrary.wiley.com/doi/10.1111/j.1467-9906.2007.00352.x/pdf.

Charron, N. et al. (2012), « Regional Governance Matters : A Study on Regional Variation in Quality of Government within the EU », WP 01/2012, Direction générale de la politique régionale, Brussels.

CNUCED (Conférence des Nations Unies sur le commerce et le développement) (2009), « The role of public investment in social and economicdevelopment », http://unctad.org/en/_Docs/webdiae20091_en.pdf.

Commission d'enquête sur l'octroi et la gestion des contrats publics dans l'industrie de la construction (2014), « Discours de clôture », www.ceic.gouv.qc.ca/la-commission/discours-de-cloture.html.

Commission européenne (2014) « rapport de la Commission au Conseil et au Parlement européen : Rapport anticorruption de l'UE »,
http://ec.europa.eu/dgs/home-affairs/e-library/documents/policies/organized-crime-and-human-trafficking/corruption/docs/acr_2014_fr.pdf.

CoST (Construction Sector Transparency Initiative) (2012), « Openness and accountability in public infrastructure could save $2.5 trillion by 2020 », communiqué de presse,
www.constructiontransparency.org/documentdownload.axd ?documentresourceid=8.

Cuervo-Cazurra, A. (2008), « The effectiveness of laws against bribery abroad », *Journal of International Business Studies* 39(4), pp. 634-651.

D'Souza, A. (2012), « The OECD Anti-Bribery Convention : Changing the currents of trade, » *Journal of Development Economics* 97, pp. 73-87.

Dabla-Norris, E. et al. (2011), « Investing in publicinvestment : Anindex of publicinvestmentefficiency », Document de travail du FMI, WP/11/37,
www.imf.org/external/pubs/ft/wp/2011/wp1137.pdf.

Daehre, K.-H.(2012), « Zukunft der Verkehrsinfrastrukturfinanzierung », Bericht der Kommission, décembre.

Divjak, C. (2008), « Corruption and shoddy construction behind school collapses in China earthquake », *World Socialist Web Site*,
www.wsws.org/en/articles/2008/10/chin-o16.html.

Dorée, A. G. (2002), « Collusion in the Dutch construction industry : An industrial organization perspective », *Building Research and Information* (2004), 32(2), mars–avril, pp. 146–156.

Dort, T., P.-G. Méon et K. Sekkat (2014), « Does investment spur growth everywhere ? Not where institutions are weak », *Kyklos*, vol. 67, n° 4, pp. 482–505,
http://onlinelibrary.wiley.com/doi/10.1111/kykl.12064/abstract.

Eccles, R. G., I. Ioannou et G. Serafeim (2011), « The Impact of Corporate Sustainability on Organizational Processes and Performance », *Management Science*, 23 novembre,
http://papers.ssrn.com/sol3/papers.cfm ?abstract_id=1964011.

Economic Policy Institute (2012), *Public Investment : The Next 'New Thing' for Powering Economic Growth*, www.epi.org/publication/bp338-public-investments/.

EPEC (European PPP Expertise Centre) (2015), « Procurement notice, prequalification and shortlisting », www.eib.org/epec/g2g/iii-procurement/31/311/index.htm.

Flyvbjerg, B., M. Garbuio et D. Lovallo (2009), « Delusion and deception in large infrastructure projects : Two models for explaining and preventing executive disaster » . *California Management Review*, vol. 51, n° 2.

FMI (Fonds monétaire international) (2014), « Le moment est-il propice à une relance des infrastructures ? Les effets macroéconomiques de l'investissement public », dans les *Perspectives de l'économie mondiale : Nuages et incertitudes de l'après-crise*, FMI, Washington, DC, www.imf.org/external/french/pubs/ft/weo/2014/02/pdf/textf.pdf.

Gestrin, M. (2014), « Investment Insights : International investment in Europe : A canary in the coal mine ? »,www.oecd.org/daf/inv/investment-policy/InvestmentInsights-Nov2014.pdf.

GIACC (Global Infrastructure Anti-Corruption Centre) (2013), « How corruption occurs », www.giaccentre.org/how_corruption_occurs.php.

Habib, M. et L. Zurawicki (2002), « Corruption and foreign direct investment, » *Journal of International Business Studies*, vol. 33, n° 2 (2nd Qtr.), pp. 291-307.

Hakkala, K. et al. (2008), « Asymmetric effects of corruption on FDI : Evidence from Swedish multinational firms », *Review of Economics and Statistics*, novembre, 90(4) pp. 627–642, www.mitpressjournals.org/doi/pdf/10.1162/rest.90.4.627.

Haque, M. E. et R. Kneller (2008), « Public investment and growth : The role of corruption », Centre for Growth and Business Cycles Research, and Economic Studies, the University of Manchester, www.research.manchester.ac.uk/portal/en/publi cations/public-investment-and-growth-the-role-of-corruption(78f10aaa-4265-443e-8d4a-46ad098fd4bc).html.

Hawkins, J. (2013), « How to note : Reducing corruption in infrastructure sectors », *Evidence on Demand*, www.engineersagainstpoverty.org/documentdownload.axd? documentresourceid=4.

Jensen, N. et J. Malesky (2014), « Does the OECD Anti-Bribery Convention reduce bribery ? An empirical analysis using the unmatched count technique », working paper, www.natemjensen.com/wp-content/uploads/2014/09/20141205_OECD_Working-Paper_ejm.pdf.

Jeong, Y. et R. J. Weiner (2012), « Who bribes ?Evidence from the United Nations Oil-for-Food Program », *Strategic Management Journal.*

Khwaja, A. et A. Mian (2015), « Do lenders favor politically connected firms ? »,*The Quarterly Journal of Economics* (2005), http://qje.oxfordjo urnals.org/content/120/4/1 371.full.pdf+html.

Lee, S.-H. et D. Weng (2013), « Does bribery in the home country promote or dampen firm exports ? »,*Strategic Management Journal*, 34, pp. 1472-1487, http://199.171.202.195/doi/10.1002/smj.2075/epdf.

Leys, C. (1965), « What is the problem about corruption ? » *Journal of Modern African Studies* 3, pp. 215-230, reprint in A.J. Heidenheimer, M. Johnston and V.T. LeVine (dir. pub.), *Political corruption : A Handbook*, pp. 51-66, 1989, Transaction Books, Oxford.

Lim, G. (2002), « Enforcing accountability by and the transparency of political parties » in *Taking Action against Corruption in Asia and the Pacific*, proceedings of the 3rd Regional Anti-Corruption Conference, Manila, BAD/OCDE, www.oecd.org/site/adboecdanti-corruptioninitiative/regionalseminars/35137400.pdf.

Lui, F. (1985), « An equilibrium queuing model of bribery », *Journal of Political Economy*, août, pp. 760-781.

Malesky, E. J., D. D. Gueorguiev et N. M. Jensen (2014), « Monopoly money : Foreign investment and bribery in Vietnam, A survey experiment », *American Journal of Political Science*, http://onlinelibrary.wiley.com/doi/10.1111/ajps.12126/epdf.

Mauro, P. (1996), « The effects of corruption on growth, investment, and government expenditure », *Document de travail du FMI*, vol. 96/98, pp. 1-28, http://ssrn.com/abstract=882994.

Mauro, P. (1995), « Corruption and growth », *The Quarterly Journal of Economics*, août.

McKinsey Global Institute (2013), « Infrastructure productivity : How to save $1 trillion a year », www.mckinsey.com/insights/engineering_construction/infrastructure _productivity.

OCDE (2015a), *Panorama des administrations publiques 2015*, Éditions OCDE, Paris, http://dx.doi.org/10.1787/gov_glance-2015-en.[Pas encore sorti en français]

OCDE (2015b), *Statistiques de l'OCDE sur les comptes nationaux* (database), http://dx.doi.org/10.1787/na-data-en (consulté le 20 octobre 2015).

OCDE (2015c), *Consequences of Corruption at the Sector Level and Implications for Economic Growth and Development*, Éditions OCDE, Paris, http://dx.doi.org/10.1787/9789264230781-en.

OCDE (2014a), *Perspectives régionales de l'OCDE 2014 : Régions et villes : les politiques publiques à la rencontre des citoyens*, Éditions OCDE, Paris, http://dx.doi.org/10.1787/9789264239739-fr .

OCDE (2014b), *Rapport de l'OCDE sur la corruption transnationale : Une analyse de l'infraction de corruption d'agents publics étrangers*, Éditions OCDE, Paris, http://dx.doi.org/ %2010.1787/9789264226623-fr .

OCDE (2013), *Panorama des administrations publiques 2013*, Éditions OCDE, Paris, http://dx.doi.org/10.1787/gov_glance-2013-fr .

OCDE (2011), *Making the most of public investment in a tight fiscal environment : Multilevel governance lessons from the crisis*, Éditions OCDE, Paris, http://dx.doi.org/10.1787/9789264114470-en

OCDE (2007), *Les infrastructures à l'horizon 2030 (vol. 2) : Électricité, eau et transports : quelles politiques ?*, Éditions OCDE, Paris, http://dx.doi.org/10.1787/9789264031340-fr .

OCDE/FIT (Forum international des transports) (2013), *Perspectives des transports FIT 2013 : Financer les transports*, Éditions OCDE/FIT, Paris, http://dx.doi.org/10.1787/9789282106013-fr.

ONU (2009), *World Population to 2300*, www.un.org/esa/population/publications/longrange2/WorldPop2300final.pdf

ONU (2003), « Rapport de la Conférence internationale sur le financement du développement, Monterrey, Mexico, 18-22 mars 2002 », (A/CONF.198/11, Chapter 1, Resolution 1, Annex), http://www.ipu.org/splz-f/ffd08/monterrey.pdf

PWC (PricewaterhouseCoopers) (2012), « Developing infrastructure in Asia Pacific : Outlook, challenges and solutions », www.pwc.com/sg/en/capital-projects-infrastructure/assets/cpi-develop-infrastructure-in-ap-201405.pdf.

Robertson, C. J. et A. Watson (2004), « Corruption and change : The impact of foreign direct investment », *Strategic Management Journal*, vol. 25, n° 4, avril, pp. 385-396.

Shah, A. (2006a), « Corruption and decentralized public governance », *World Bank Policy Research Working Paper* 3824, janvier.

Shah, A. (2006b), « Decentralised provision of public infrastructure and corruption », *International Center for Public Policy Working Paper Series* #1418, Andrew Young School of Policy Studies, Georgia State University.

Standard and Poor's (2014), « Global infrastructure : How to fill a $500 billion hole », *Ratings Direct*, janvier, www.standardandpoors.com/spf/upload/Ratings_EMEA/HowToFIllAn500BillionHoleJan162014.pdf.

Straub, S. (2008), « Infrastructure and growth in developing countries : Recent advances and research challenges », *Policy Research Working Papers*, La Banque mondiale, http://elibrary.worldbank.org/doi/pdf/10.1596/1813-9450-4460.

Tanzi, V. et H. Davoodi (2008), *Roads to Nowhere : How Corruption in Public Investment Hurts Growth*, www.imf.org/external/pubs/ft/issues12/issue12.pdf.

Transparency International (2014), *Corruption Perceptions Index 2014,* www.transparency.org/cpi2014.

Transparency International (2013), « Global Corruption Barometer 2013 », www.transparency.org/gcb2013.

Tyler Lund, M. (2010), « Foreign direct investment : Catalyst of economic growth », PhD dissertation, http://content.lib.utah.edu/utils/getfile/collection/ etd2/id/1969/filename/image.

UK Chartered Institute of Building (2013), « Corruption in the UK construction sector », www.ciob.org/sites/default/files/CIOB %20research %20- %20Corruption %20in %20the %20UK %20Construction %20Industry %20septembr e %202013.pdf.

Vargas, M. et F. Sommer (2014), « Corruption and the risks of losses on government bonds », *Risk Management*, Edition 3.3.

WEF (Forum économique mondial) (2014), *The Global Competitiveness Report 2014-2015*, www3.weforum.org/docs/WEF_GlobalCompetitivenessReport_2014-15.pdf.

Wei, S.-J. (2000), « How taxing is corruption on international investors ? »,*The Review of Economics and Statistics*, février, 82(1), pp. 1–11, http://users.nber.org/~wei/data/wei2000a/wei2000a.pdf.

Wei, S.-J. (1997), « Why is corruption so more taxing than tax ? Arbitrariness kills », www.nber.org/papers/w6255.pdf.

Wells, J. (2015), « Corruption in the construction of public infrastructure : Critical issues in project preparation », Chr. Michelsen Institute (U4 n° 2015 :8).

Wong, E. (2008), « China Admits Building Flaws in Quake », *The New York Times*, 4 septembre 2008, http://www.nytimes.com/2008/09/05/world/asia/05china.html ?_r=0

Woo, J.-Y. et U. Heo (2009), « Corruption and foreign direct investment attractiveness in Asia », *Asian Politics and Policy*, vol. 1, n° 2, p. 223–238, http://onlinelibrary.wiley.com/doi/10.1111/j.1943-0787.2009.01113.x/pdf.

Enquêtes internationales mesurant la confiance et à la satisfaction à l'égard des gouvernements, institutions et services: lien internet

Gallup World Poll : www.gallup.com

Chapitre 2

Un cadre pour promouvoir l'intégrité de l'investissement public

Le Cadre d'intégrité pour l'investissement public prévoit des mesures et des mécanismes concrets qui peuvent être utilisés à chaque étape du cycle de l'investissement public afin d'en préserver l'intégrité. En outre, ce chapitre fournit plus de 40 exemples de bonne application de ces mesures et mécanismes dans les secteurs public et privé.

Après avoir décrit les comportements et les risques de corruption à chaque étape du cycle de l'investissement, ce chapitre propose des mesures et des instruments pour prévenir la corruption, en atténuer la possibilité et y remédier en traitant tous les comportements et risques recensés précédemment. Le tableau suivant présente un cadre d'objectifs et d'options pour l'action publique destiné à promouvoir de façon adéquate l'intégrité de l'investissement public.

Tableau 2.1. Cadre pour l'intégrité de l'investissement public

Phase	Objectif de l'action publique	Options de l'action publique
Applicable à toutes les phases du cycle de l'investissement public	Établir des normes de comportement des responsables publics élus et non élus	• Établir des codes de conduite comprenant : ➢ une définition claire de la mission de l'organisation, de ses valeurs et de ses principes. ➢ une définition précise de ce qui constitue un risque de corruption. ➢ des principes directeurs indiquant comment les fonctionnaires et autres responsables publics doivent réagir aux dilemmes éthiques, préjugés et zones grises auxquels ils sont confrontés dans leur travail quotidien. ➢ des sanctions en cas de violation de l'intégrité. • Améliorer la connaissance et l'applicabilité des normes de comportement au moyen d'une formation portant sur le code de conduite, les valeurs et les principes. • Définir des codes de conduite spécifiques à l'intention des responsables publics qui opèrent dans les secteurs « à risque », en particulier ceux qui ont le plus d'interactions avec le secteur privé.
	Recenser et gérer les conflits d'intérêts	• Formuler des dispositions sur la divulgation des conflits d'intérêts et des intérêts privés (OCDE 2003, Lignes directrices de l'OCDE pour la gestion des conflits d'intérêts dans le service public). • Donner des exemples clairs de situations où l'existence d'intérêts privés peut éventuellement entraîner des conflits d'intérêts. • Prévoir des restrictions et des interdictions propres aux agents publics (en particulier à ceux qui un pouvoir de décision) travaillant au sein de l'autorité chargée de la passation des marchés publics, ou qui en sont responsables au sein d'organes administratifs. • Exiger des agents publics qu'ils fassent état des intérêts privés de membres de leur famille susceptibles de donner lieu à d'éventuels conflits d'intérêts.
	Établir des normes de conduite pour le secteur privé et les consultants	• Veiller à ce que le secteur public conçoive et applique à l'intention des salariés du secteur privé des codes de conduite comprenant : ➢ des exemples clairs d'activités contraires au comportement éthique d'une entreprise quand elle travaille en liaison étroite avec le secteur public. ➢ des sanctions administratives, disciplinaires et pénales en cas de violation de l'intégrité. • Sanctionner sévèrement les entreprises qui proposent des pots-de-vin, par exemple en limitant leur participation à de futurs projets d'investissement ou à d'autres procédures de passation de marchés publics. • S'assurer du soutien et de l'engagement des dirigeants vis-à-vis de la prévention de la corruption liée à l'investissement public.
	Réglementer et limiter l'utilisation d'informations confidentielles par les responsables publics	• Annuler rétrospectivement les décisions basées sur des informations confidentielles. • Établir des mécanismes empêchant que des informations confidentielles, une autorité ou une influence soient utilisées à des fins personnelles ou pour procurer un avantage injustifié à d'autres entreprises et à des organisations à but non lucratif.
	Assurer la protection des salariés qui signalent des actes répréhensibles ou des violations de l'intégrité, à la fois dans les secteurs privé et public	• Conseiller et aider les salariés qui s'interrogent ou ont été témoins d'actes répréhensibles ou de violations de l'intégrité au moyen d'une ligne d'urgence dédiée aux lanceurs d'alerte. • Formuler des lignes directrices pour le signalement d'actes répréhensibles entraînant une violation de l'intégrité ou une mauvaise gestion. • Assurer une protection efficace des salariés des secteurs public et privé ainsi que de leurs carrières lorsqu'ils signalent de bonne foi des actes répréhensibles.

Phase	Objectif de l'action publique	Options de l'action publique
Phase de définition des besoins et de sélection	S'assurer que les décisions d'investissement public reposent sur des objectifs nationaux, régionaux ou sectoriels	• Mettre en place des plateformes en ligne sur lesquelles le public sera invité à contribuer au choix des priorités en matière d'infrastructures nationales. • Créer un organe indépendant chargé d'évaluer les besoins du pays en infrastructures. • Se coordonner avec les administrations infranationales pour garantir la cohérence des priorités stratégiques d'investissement entre les différents échelons publics.
	Éviter que le choix de l'investissement public ne favorise un groupe d'intérêts particulier ou un individu au détriment de l'intérêt public	• Rendre le processus décisionnel plus transparent en : ➢ publiant les informations concernant un projet sur des supports de type internet ou lettres d'information. ➢ faisant en sorte que ces informations parviennent à la société civile et aux médias, qui jouent un rôle particulier de responsabilisation des parties prenantes. ➢ publiant des informations et des rapports sur les plans de développement national à long terme. • Développer la participation des citoyens au moyen de : ➢ budgets participatifs. ➢ sites internet où ils peuvent hiérarchiser les priorités de l'investissement public. • Inviter les catégories concernées à participer au processus décisionnel : ➢ trouver le bon dosage de participants et s'assurer qu'aucune catégorie n'est exclue par inadvertance. ➢ recenser les parties prenantes et les analyser. ➢ consulter des experts et des personnes étrangères à l'administration pour évaluer la pertinence de l'investissement public, et publier les résultats de cette consultation. • Veiller à la transparence et à l'intégrité des activités de lobbying (OCDE 2010, Principes pour la transparence et l'intégrité des activités de lobbying) en : ➢ créant un registre des représentants d'intérêts. ➢ en appliquant des règles sur le passage du public au privé (par exemple un délai d'incompatibilité, etc.) ➢ garantissant une composition transparente/équilibrée de l'instance consultative.
	Éviter que les élus ne choisissent un investissement public particulier pour avantager les entreprises ayant contribué financièrement à leurs campagnes électorales	• Interdire certaines catégories de dons privés, notamment : ➢ ceux provenant d'entreprises auxquelles des contrats publics ont été attribués ou dont l'État est en partie propriétaire. ➢ ceux provenant d'entreprises privées, de syndicats, etc. ➢ ceux d'entreprises étrangères. • Plafonner le financement privé. • Exiger la divulgation d'informations sur le financement des partis politiques et s'assurer que : ➢ ces informations sont diffusées publiquement en temps utile et qu'elles sont fiables, accessibles et compréhensibles. ➢ qu'elles sont complètes et englobent les dons privés. • Promouvoir la surveillance par les médias et la société civile. • Veiller à ce que les entreprises publient en ligne leurs contributions financières aux campagnes électorales et aux partis politiques. • Effectuer une supervision indépendante et efficiente : ➢ en renforçant l'indépendance de l'entité de surveillance de la procédure. ➢ en donnant des moyens sous forme de ressources suffisantes et de capacités de contrôle et de méthodologies spécialisées. • Prévoir des sanctions dissuasives et exécutoires en cas de violation

Phase	Objectif de l'action publique	Options de l'action publique
Phase d'appréciation	Veiller à ce que l'attribution aux banques du contrat de financement de l'investissement soit fondée sur des considérations de coût et sur leur capacité de financement, et ne résulte pas d'influences inappropriées	• Choisir des banquiers qui suivent des codes de conduite prévoyant expressément la surveillance accrue de ceux qui ont le plus d'interactions avec le secteur public. • Appliquer des législations ou des codes de conduite interdisant explicitement aux agents publics de recevoir des fonds ou des cadeaux qui pourraient entraîner des conflits d'intérêts avec leur activité officielle. • Réclamer une surveillance plus étroite des responsables publics et des hauts fonctionnaires qui exercent un important pouvoir discrétionnaire et décisionnel.

	Garantir l'objectivité et la crédibilité des études de faisabilité sociale, économique et environnementale	• Limiter la marge d'évaluation discrétionnaire des agents publics en :
		  ➢ déléguant les études de faisabilité sociale, économique et environnementale à des experts externes.
		  ➢ en appliquant aux agents publics des principes directeurs d'évaluation standardisés.
		• Si l'on recourt à une société de conseil pour évaluer la faisabilité d'un projet, il faut effectuer au préalable une vérification en bonne et due forme de celle-ci ; en outre, la sélection doit résulter d'une procédure de passation de marchés équitable et transparente.
		• Publier les études dont les agents publics ou les experts qui les ont réalisées seront comptables.
		• Procéder à une consultation publique dans les formes, associée aux études de faisabilité concernées.
		• Garder une trace de l'évaluation effectuée par les experts pour s'y référer ultérieurement et pénaliser ceux censés avoir un biais en les écartant de l'évaluation de futurs investissements publics.
		• Limiter les possibilités d'exercice d'influences inappropriées sur les experts en :
		  ➢ sanctionnant les agents publics qui tentent d'influencer indûment leurs études.
		  ➢ effectuant en parallèle un audit interne et en faisant intervenir un contrôle externe.

	Limiter l'influence d'un éventuel opérateur privé d'un partenariat public-privé (PPP) ou d'une concession	• Formuler des normes d'analyse des risques limitant la marge discrétionnaire des agents publics. • Publier les études et en tenir comptables les personnes qui les ont effectuées. • Faire un audit parallèle ou en temps réel. • Fixer des règles et prévoir des sanctions dans la législation ou les codes de conduite visant l'utilisation d'informations confidentielles par des agents publics.
Phase de programmation et d'établissement des documents	Limiter la possibilité pour des participants d'obtenir un surcroît d'informations qui constituerait une faveur injustifiée	• Numériser la diffusion de l'information. • Établir des systèmes solides et complets de passation de marchés publics en ligne afin de diffuser l'ensemble des informations.
	Veiller à ce que les documents d'appels d'offres et les spécifications ne soient pas restrictifs ou adaptés à un soumissionnaire en particulier	• Créer une commission d'évaluation indépendante pour répondre aux préoccupations des soumissionnaires sur la conception des appels d'offres. • Concevoir un modèle d'appel d'offres sans excès de spécifications. • Faire appel à un groupe d'experts ou à des personnalités chargés de participer ou contribuer à la conception des documents d'appels d'offres et des spécifications pour éviter que ces dernières ne soient restrictives. • S'assurer que le projet est complètement au point et qu'une commission technique effectue une enquête sur le terrain.

Phase d'appel d'offres	S'assurer que l'adjudicataire est le plus qualifié	• Recourir à des pactes d'intégrité pour que les fonctionnaires et les entreprises fassent preuve d'un comportement éthique pendant la procédure d'attribution des marchés publics.
		• Mettre en œuvre un cadre d'intégrité.
		• Faire un compte rendu officiel verbal aux soumissionnaires mécontents pour bien leur expliquer comment la décision a été prise, ce qui permet une meilleure compréhension de l'intégrité de la procédure.
		• Inviter la société civile à vérifier que la procédure se déroule de manière transparente (en faisant par exemple appel à des témoins sociaux).
		• Veiller à ce que le système de réexamen et de réparation mis en place ait les caractéristiques suivantes :
		  ➢ dédommagement en temps utile.
		  ➢ efficacité dans le traitement (et ainsi la prévention) des actes illicites commis par les opérateurs économiques ou des autorités contractantes.
		  ➢ transparence et clarté (c'est-à-dire qu'il soit compréhensible et facile à utiliser par les opérateurs économiques).
		  ➢ non-discrimination et accessibilité à tous les soumissionnaires souhaitant participer à une procédure spécifique d'attribution de contrat.
		• Effectuer une évaluation parallèle indépendante de la passation de marchés publics pour mieux détecter la collusion, le trucage d'appels d'offres et le favoritisme au profit d'un fournisseur.

	S'assurer de l'intégrité des soumissionnaires	• Exiger comme critère obligatoire de présélection de tous les soumissionnaires qu'ils produisent une certification indépendante, ou spécifier la nécessité de se conformer à certaines normes pour pouvoir participer à la procédure d'appel d'offres.
	Prévenir le trucage d'appels d'offres, la collusion ou les accords de partage de marchés ou de futurs contrats d'investissement public	• Recourir à des accords-cadres établis au moyen de procédures concurrentielles. • Employer un système de présélection fondé sur des critères techniques, financiers et qualitatifs appropriés. La phase de présélection pourrait comprendre une vérification des antécédents judiciaires en matière de corruption. • Utiliser la méthode de la double enveloppe : on ne donne l'enveloppe contenant le prix qu'après une évaluation technique.
	S'assurer que des procédures non concurrentielles ne sont pas utilisées sans justification valable	• Définir clairement et communiquer les obligations juridiques régissant l'utilisation d'une procédure non concurrentielle. • S'assurer que toutes les justifications sont présentées correctement et les publier. • Veiller à ce que ce type de décision ne soit pas le fait d'une seule personne (appliquer par exemple le principe du double regard).
Phase d'exécution et de gestion du contrat	S'assurer que les factures relatives au coût des matériaux, aux heures de travail et aux qualifications du personnel ne sont pas falsifiées	• Publier, par l'intermédiaire de médias et d'associations, l'estimation du coût du projet et la charge finale pour le contribuable. • S'assurer que les bénéfices et les coûts de main-d'œuvre sont présentés distinctement des prix des matériaux et des équipements. • Améliorer les fonctionnalités des systèmes de passation des marchés publics en ligne pour intégrer la phase de gestion du contrat et publier les informations pertinentes sur des portails dédiés, notamment celles sur les modifications de prix et les motifs des dépassements.
	Veiller à ce que la corruption ne retarde pas l'investissement public	• Concevoir un site internet qui suive en temps réel l'état d'avancement d'un investissement public en le comparant aux estimations de coût et de durée. • Former des surveillants, issus d'associations, chargés d'observer la progression et la qualité d'un projet.

Phase d'évaluation et d'audit	S'assurer que les entités (publiques ou privées) disposent d'un système efficace de contrôle interne et de communication financière permettant de faire apparaître les irrégularités	• Mettre en œuvre le cadre de contrôle interne du *Committee of Sponsoring Organizations of the Treadway Commission* (COSO). Quelques obligations ressortent particulièrement : ➢ l'application appropriée de solides procédures d'évaluation des risques (par exemple évaluations intégrées du risque financier). ➢ l'existence d'une procédure claire pour traiter les risques imprévus et de mécanismes permettant aux contrôleurs d'être conseillés et aidés. ➢ la fixation par les gestionnaires d'une entité d'un niveau approprié de tolérance du risque qui soit communiqué explicitement à l'audit interne et au personnel de l'entité. • Veiller à ce que les opérations financières soient recensées et comptabilisées correctement (pas de dépenses « hors bilan » ou de « comptes non identifiés »). • Surveiller les paiements en liquide ou en nature. • Veiller à ce que les informations soient conservées pendant une durée suffisante et ne soient pas détruites prématurément (cf. OCDE, ONUDC, Banque mondiale, 2013). • Recouper les informations relatives aux dépenses publiques afin de déceler des irrégularités dans et entre les secteurs.
	Garantir l'indépendance de l'organisme d'audit comptable ou des commissaires aux comptes	• Soumettre les commissaires aux comptes à un code de conduite régissant leurs contacts avec les entreprises. • Exclure les organismes d'audit des futurs investissements publics s'ils sont convaincus d'actes répréhensibles (par exemple d'avoir reçu des pots-de-vin ou donné de fausses informations dans leurs rapports). • Créer des organes de supervision spécialisés, appliquant des procédures strictes de contrôle des coûts et de suivi de la réalisation des projets, afin de s'assurer qu'ils sont exécutés dans les délais et dans les limites du budget. • Effectuer un contrôle des contrôleurs – par exemple, l'audit interne est supervisé par un audit externe qui l'est à son tour par un autre organe externe objectif.
	Donner les moyens et les ressources permettant d'effectuer des contrôles fiables en temps utile	• S'assurer que les fonctions d'audit sont dotées de ressources adéquates. • Établir des systèmes et des bases de données au moyen desquels les auditeurs puissent trouver des informations fiables sur les travaux publics en cours. • Promouvoir les compétences techniques permettant l'utilisation de technologies innovantes améliorant la fiabilité des contrôles et des données.

L'OCDE a conçu la liste de contrôle suivante pour aider les États et les acteurs du secteur privé à atténuer les risques de corruption dans l'investissement public en recensant ses points d'entrée au cours de l'ensemble de son cycle. Cet instrument peut être utilisé au niveau national, infranational et local, ainsi que dans tous les secteurs, notamment les transports, la construction, les industries extractives et la fourniture d'énergie, en tenant compte des besoins et des caractéristiques de l'investissement considéré.

Éléments essentiels applicables à toutes les phases

Certaines mesures doivent être appliquées tout au long du cycle de l'action publique pour limiter les risques de corruption. Elles ne sont pas propres à une étape ou une phase en particulier, mais indispensables à tout moment. Les questions et réponses suivantes peuvent servir de guide pour prévenir les pratiques de corruption à tous les stades.

Q1. *Des mesures sont-elles en place pour empêcher les fonctionnaires et les salariés du secteur privé d'accepter ou d'exiger des pots-de-vin ?*

Les autorités pourraient traiter cette question :

- En formulant des codes de conduite destinés aux fonctionnaires (voir à titre d'exemple l'encadré 2.1) chargés de l'établissement des documents relatifs aux appels d'offres ou de la délivrance de permis de construire. On trouverait dans ces codes :

    - un énoncé clair de la mission d'une organisation, de ses valeurs et de ses principes ainsi que les liens avec les normes de conduite professionnelle

    - des principes directeurs visibles en matière de probité

    - une définition claire de ce qui constitue un risque de corruption

    - des principes directeurs indiquant comment les fonctionnaires doivent réagir aux dilemmes éthiques, préjugés et zones grises auxquels ils sont confrontés dans leur travail quotidien

    - des sanctions administratives, disciplinaires et pénales en cas de violations de l'intégrité.

Encadré 2.1. **Normes d'intégrité et de comportement de la Nouvelle-Zélande**

L'actuel code de conduite des fonctionnaires néo-zélandais est entré en vigueur le 30 novembre 2007. Il se présente sous la forme d'un document d'une page qui énonce les grandes caractéristiques du service public : il doit être équitable, impartial, responsable et digne de confiance. Ce code ne pose que des règles générales de comportement, sans donner de conseil spécifique sur la manière de réagir dans des situations réelles. Toutefois, il ne s'agit pas d'un document unique puisqu'il va de pair avec un guide destiné aux agents publics, intitulé « Comprendre le code de conduite – guide à l'intention des fonctionnaires »[1], qui explique le contenu du code.

Équité

Nous devons :

- traiter chacun équitablement et respectueusement

- être professionnels et réactifs

- faire en sorte de rendre les services publics accessibles et efficaces

- nous efforcer de faire progresser le bien-être de la Nouvelle-Zélande et de ses habitants.

Impartialité

Nous devons :

- conserver la neutralité politique nécessaire pour pouvoir travailler avec le gouvernement actuel et les gouvernements suivants

- exercer les fonctions de notre entité sans être influencés par nos convictions personnelles

- aider notre entité à dispenser des conseils judicieux et objectifs

- respecter l'autorité du gouvernement en place.

> ### Encadré 2.1. **Normes d'intégrité et de comportement de la Nouvelle-Zélande** (*Suite*)
>
> **Responsabilité**
>
> Nous devons :
>
> - agir conformément à la loi et avec objectivité
> - utiliser les ressources de notre entité avec soin et seulement aux fins prévues
> - traiter les informations avec précaution et ne les utiliser qu'à des fins utiles
> - nous efforcer d'améliorer les résultats et l'efficience de notre entité.
>
> **Fiabilité**
>
> Nous devons :
>
> - être honnêtes
> - travailler au mieux de nos capacités
> - veiller à ce que nos actions ne soient pas influencées par nos intérêts ou relations personnels
> - ne jamais utiliser notre situation pour en tirer un avantage personnel
> - refuser les cadeaux ou les avantages qui nous rendent redevables ou nous mettent sous influence
> - nous abstenir de toute activité, professionnelle ou non, susceptible de porter atteinte à la réputation de notre entité ou au service de l'État.
>
> 1. Disponible sur www.ssc.govt.nz/code-guidance-stateservants
>
> *Source :* New Zealand State Services Commission (2007), « Standards of Integrity and Conduct www.ssc.govt.nz/sites/all/files/Code-of-conduct-StateServices.pdf.

- En dispensant des formations sur le code de conduite et les valeurs éthiques de l'Organisation ainsi que les normes applicables aux marchés publics, afin d'assurer une large prise de conscience et la compréhension des objectifs de ce code, de l'importance d'un comportement éthique et des principes de base qui guident les procédures d'appel d'offres (voir encadré 2.2).

> ### Encadré 2.2. **Coopération PNUD/CIPS sur la certification en matière de marchés publics**
>
> Le Programme des Nations Unies pour le développement (PNUD) propose une formation spécialisée sur les marchés publics et une certification aux personnels de l'Organisation des Nations Unies (ONU), d'organisations non gouvernementales, des institutions internationales de financement du développement et à leurs emprunteurs, ainsi qu'aux États. Le cours du PNUD sur la certification des marchés publics est accrédité par le Chartered Institute of Purchasing and Supply (CIPS), ce qui garantit le respect de standards internationaux élevés en matière de compétence et donne aux participants l'accès à la communauté mondiale des professionnels de ce domaine.
>
> Le contenu de ce cours, aux niveaux introduction (niveau 2), avancé (niveau 3) et diplôme (niveau 4), correspond aux règles, politiques, pratiques et procédures communes à l'ONU et à de nombreux pays en matière de marchés publics ; il propose donc un système de qualification unique adapté aux exigences de l'ONU et d'autres organisations dans ce domaine. Chaque module de formation commence par un aperçu général des règles, procédures ou théories concernant le sujet traité, et se poursuit par des études de cas, des discussions en groupe et des exercices. Cela crée un forum dans lequel les participants appliquent la théorie et les méthodes à des cas réels, et qui encourage un partage fructueux des connaissances.
>
> *Source :* PNUD (s.d.), « UNDP/CIPS Cooperation on Procurement Training and Certification », www.undp.org/content/undp/en/home/operations/procurement/procurement_training.html (consulté le 20 octobre 2015).

- En veillant à ce que le secteur public formule et applique des codes de conduite à l'intention des salariés du secteur privé (voir les encadrés 2.3 et 2.4 à titre d'exemples), où l'on trouve :

  - des exemples clairs d'activités de nature à dégrader le comportement sur le plan de l'éthique d'une entreprise qui travaille en liaison étroite avec le secteur public
  - des sanctions administratives, disciplinaires et pénales en cas de violation de l'intégrité.

Encadré 2.3. Code d'éthique de la Fédération internationale des ingénieurs-conseils

Responsabilité à l'égard de la société et de la profession de conseil

L'ingénieur-conseil doit :

- accepter la responsabilité de sa profession à l'égard de la société
- chercher des solutions compatibles avec les principes du développement durable
- assurer en toutes circonstances la dignité, l'autorité et la réputation de la profession de conseil

Compétence

L'ingénieur-conseil doit :

- maintenir ses connaissances et aptitudes au niveau correspondant à l'évolution de la technologie, de la législation et des modes de gestion ; il doit aussi faire preuve de la compétence, de l'attention et de la diligence appropriées dans la prestation de services au client
- n'effectuer une prestation de services que s'il a la compétence requise

Intégrité

L'ingénieur-conseil doit :

- agir en toutes circonstances dans l'intérêt légitime du client et fournir tous services de façon intègre et de bonne foi

Impartialité

L'ingénieur-conseil doit :

- être impartial lorsqu'il dispense un conseil, émet un jugement ou prend une décision à caractère professionnel
- informer le client de tout conflit d'intérêts éventuel auquel pourrait donner lieu une prestation de services
- refuser une rémunération qui compromette son indépendance de jugement

Équité vis-à-vis des autres

L'ingénieur-conseil :

- doit promouvoir le concept de « sélection basée sur la qualité » (SBQ)
- ne doit rien faire, par négligence ou intentionnellement, qui puisse nuire à la réputation ou à l'activité de tiers
- ne doit pas tenter, directement ou indirectement, de prendre la place d'un autre ingénieur-conseil déjà nommé pour effectuer un travail spécifique
- ne doit pas reprendre l'activité d'un autre ingénieur-conseil avant de le lui notifier et sans avoir été informé par écrit par le client de la fin de sa relation de travail avec le prédécesseur
- doit adopter un comportement approprié et courtois si on lui demande de réexaminer le travail d'un collègue

---

Encadré 2.3. **Code d'éthique de la Fédération internationale des ingénieurs-conseils**
(suite)

Corruption

L'ingénieur-conseil :

- ne doit ni proposer, ni accepter une rémunération, de quelque nature que ce soit, qui donne l'impression ou a réellement pour effet de chercher *i)* soit à influencer le processus de sélection ou de rémunération d'ingénieurs-conseils et/ou de leurs clients, *ii)* soit à compromettre l'impartialité de son jugement

- doit coopérer pleinement avec tout organe légal d'investigation, légitimement constitué, qui enquête sur l'attribution d'un contrat de prestation de services ou de construction

Source : Adapté du code d'éthique de la Fédération internationale des ingénieurs-conseils (FIDIC), http://fidic.org/about-fidic/fidic-policies/fidic-code-ethics (consulté le 20 octobre 2015).

Encadré 2.4. **Code de conduite du secteur de la construction de l'Australie méridionale**

Le code de conduite du secteur de la construction de l'Australie méridionale et ses lignes directrices d'application énoncent les principes que ce secteur entend appliquer à toute une gamme de procédures allant de la conception et du lancement de projets à leur achèvement, en passant par l'appel d'offres et la réalisation. Ils ont pour but : *i)* d'établir des normes de comportement et de gestion des relations entre les différentes parties opérant à divers titres dans ce secteur et *ii)* d'introduire les réformes convenues par la profession et le gouvernement de l'État. Le Code de conduite du secteur de la construction de l'Australie méridionale et ses lignes directrices d'application ont un caractère obligatoire pour tous les projets de construction financés et gérés par le gouvernement de l'Australie méridionale.

Les entreprises privées de construction sont à l'origine de ce code qui s'inscrit dans le cadre du développement actuel du secteur. Il s'agit d'un instrument qui favorisera sa compétitivité au niveau national en renforçant les meilleures pratiques déjà existantes et en en adoptant de nouvelles. Le code encourage la mise en place de politiques de gestion d'actifs par le gouvernement de l'État et le respect de normes de réalisation par le secteur privé.

Ses principaux objectifs sont : *i)* promouvoir des progrès de l'efficience et de la productivité ; *ii)* éliminer les pratiques inacceptables, en particulier celles résultant de décisions à court terme et expéditives ; *iii)* instituer les normes que le secteur demande de respecter ; *iv)* améliorer les performances et maintenir les bonnes pratiques de tous les participants à ce secteur ; *v)* promouvoir les normes les plus exigeantes en demandant que tous ceux concernés par ce code s'engagent à se conformer complètement à l'esprit et aux objectifs des lois, règlements et normes applicables au secteur ; *vi)* maximiser la création de valeur en partageant les risques équitablement avec assignation de chacun à la partie la plus à même de l'assumer ; *vii)* favoriser l'application de pratiques raisonnables et appropriées dans l'intérêt à long terme du secteur et de toutes les parties concernées ; *viii)* chercher à préserver les améliorations déjà réalisées des pratiques ; *ix)* chercher à promouvoir un climat constructif dans le secteur et à prévenir les différends en respectant les accords, les prescriptions légales et obligations relatives à l'emploi.

Source : Government of South Australia (2013), « Code of Practice for the South Australian Construction Industry », Department of Planning, Transport and Infrastructure, www.infrastructure.sa.gov.au/Building Management/policies.

- En sanctionnant sévèrement les entreprises qui versent des pots-de-vin, par exemple en limitant leur participation aux futurs projets d'investissement ou à d'autres procédures d'attribution de marchés publics (voir encadré 2.5 et 2.6).

Encadré 2.5. **Accord d'application mutuelle de décisions d'exclusion : l'exclusion croisée**

Le groupe de la Banque africaine de développement, la Banque asiatique de développement, la Banque européenne pour la reconstruction et le développement, le groupe de la Banque interaméricaine de développement et le groupe de la Banque mondiale ont signé en avril 2010 un accord d'application mutuelle de décisions d'exclusion. Les institutions participantes exécutent les décisions d'exclusion prises par l'une d'entre elles du fait des quatre pratiques qu'elles considèrent unanimement comme justifiant des sanctions : *i)* fraude ; *ii)* corruption ; *iii)* coercition ; et *iv)* collusion.

Source : CoST (Construction Sector Transparency Initiative) (2013), « Establishing a multi stakeholder gro up and national secretariat », www.constructiontransparency.org/documentdownload.axd?documentsourcei d=29

Encadré 2.6. **L'exclusion au Canada**

Le régime d'intégrité des Travaux publics et des services gouvernementaux au Canada (TPSGC) prévoit qu'un fournisseur soit exclu pendant 10 ans de ces travaux et services s'il a fait l'objet d'une condamnation ou a plaidé coupable, avec absolution conditionnelle ou inconditionnelle, pour l'une des infractions suivantes à la loi canadienne ou pour des infractions similaires aux lois d'autres pays :

- fraude aux dépens du gouvernement relevant du code criminel du Canada
- le paiement d'honoraires conditionnels à une personne visée par la Loi sur le lobbying
- le blanchiment d'argent sale
- l'évasion fiscale ou le non-paiement d'un droit d'accise
- une infraction liée au trafic de stupéfiants
- la corruption de magistrats
- le versement de commissions secrètes
- la manipulation frauduleuse d'opérations boursières
- la contrefaçon et les infractions similaires

- fraude tombant sous le coup de la Loi sur la gestion des finances publiques
- la corruption, la collusion, le trucage d'offres ou toute autre activité anticoncurrentielle au regard de la Loi sur la concurrence
- la participation aux activités d'organisations criminelles
- la corruption d'un agent public étranger
- l'extorsion de fonds
- la corruption de fonctionnaire
- la violation délictueuse de contrat
- le délit d'initié
- la falsification de livres comptables et de documents.

Pour que des soumissions soient jugées recevables, une suspension du casier judiciaire doit être accordée ou les droits doivent être rétablis par le gouverneur en conseil, à la suite d'infractions constitutives de fraude aux termes du code criminel du Canada ou de la Loi sur la gestion des finances publiques.

Source : Travaux publics et Services gouvernementaux Canada(2015), « Le régime d'intégrité du gouvernement du Canada », www.tpsgc-pwgsc.gc.ca/ci-if/ci-if-fra.html.

Q2. Des mesures sont-elles en place pour permettre de recenser et de gérer de façon appropriée les conflits d'intérêts potentiels et effectifs ?

Les autorités pourraient traiter cette question :

- En recensant et en atténuant les conflits d'intérêts au moyen de la législation, de codes de conduite et de principes directeurs (voir encadré 2.7 à titre d'exemple).

Encadré 2.7. **Principes et code de conduite applicables aux marchés publics en Espagne**

Afin de contribuer à l'excellence des activités administratives en matière de commande publique, l'Office de supervision et d'évaluation des marchés publics a inscrit dans un code les principes de base et les bonnes pratiques déjà intégrés aux activités quotidiennes des ministères de la *Généralité* de Catalogne et des entités de son secteur public. On y trouve aussi de nouveaux éléments et des recommandations qui émanent du groupe de travail pour la promotion et l'amélioration des procédures de passation des marchés, composé de représentants du Conseil consultatif sur les marchés publics de la *Généralité* de Catalogne, de l'Office catalan de lutte contre la fraude, de l'Autorité catalane de la concurrence, de l'Association des secrétaires, médiateurs et trésoriers des collectivités locales de Catalogne, ainsi que des organisations professionnelles et des syndicats.

L'objectif est d'intégrer le code d'éthique en matière de marchés publics à la culture et aux valeurs des organes chargés des marchés publics. Les bonnes pratiques figurant dans le code sont présentées dans les sections suivantes :

1. énoncé des principes de base et des valeurs morales qui doivent régir les procédures de passation de marchés publics

2. description de comportements spécifiques qui présentent un intérêt pour formuler les principes directeurs à appliquer le cas échéant dans différentes circonstances particulières réelles

3. spécification de pratiques contractuelles qui présentent un intérêt particulier

4. amélioration de la prise de conscience de l'engagement éthique, de la formation à ce concept et de son suivi.

La création du Comité d'éthique des marchés publics de la *Généralité* de Catalogne, composé de représentants des ministères et des entités administratives de la *Généralité* et intégré au département de la Présidence, permettra un suivi et une actualisation continuels au sein de l'administration de la *Généralité* et des entités de son secteur public.

Source : Codi de principis i conductes recomanables en la contractació pública (Principes et code de conduite en matière de marchés publics), http://transparencia.gencat.cat/ca/Contractacio/criteris-interpretatius-acords-i-directrius/codi-de-principis-i-conductes-recomanables-en-la-contractacio-publica/.

- En donnant des exemples clairs de situations où l'existence d'intérêts privés peut éventuellement entraîner des conflits d'intérêts au regard de la législation, des codes de conduite et/ou de principes directeurs, notamment du fait de cadeaux, d'invitations, d'emplois antérieurs, d'occupations extérieures, d'avoirs et d'engagements.

- En prévoyant des restrictions et des interdictions propres aux fonctionnaires (en particulier à ceux qui ont un pouvoir de décision) qui travaillent au sein de l'autorité chargée de la passation des marchés publics ou qui en sont responsables au sein d'organes administratifs (voir encadré 2.8).

Encadré 2.8. Loi turque de 2002 sur les marchés publics

La loi de 2002 sur les marchés publics (PPL) a institué une Autorité des marchés publics rattachée au gouvernement central. Personne morale autonome sur les plans administratif et financier, elle est chargée de la réglementation et de la surveillance des achats publics. Pour mettre un terme aux problèmes rencontrés dans le passé, la loi a introduit des mesures visant à empêcher l'exercice de pressions par des groupes d'intérêts, et a formulé des normes éthiques plus exigeantes pour les agents. En particulier :

- les membres de l'Autorité sont nommés par le Conseil des ministres et doivent satisfaire à certains critères, notamment avoir suivi des études supérieures, justifier de plus de 12 ans d'expérience dans des institutions publiques et détenir une connaissance théorique et pratique de la passation des marchés publics aux niveaux national et international. Les postulants ne doivent ni être, ni avoir été membres d'un parti politique et ne doivent ni travailler, ni avoir travaillé pour un parti politique. Les membres exercent un mandat de cinq ans et, une fois nommés, ne peuvent être révoqués avant l'expiration de leur mandat.

- sauf exceptions expressément définies par la loi, les membres de l'Autorité ne sont pas autorisés à occuper une fonction officielle, à travailler dans le secteur privé ou à exercer une activité commerciale ou non salariée ; ils ne peuvent pas non plus être dirigeants ou actionnaires d'une société à but commercial, quel qu'en soit le statut.

Source : OCDE (2007a*), L'intégrité dans les marchés publics : les bonnes pratiques de A à Z*, www.oecd-ilibrary.org/governance/l-integrite-dans-les-marches-publics_9789264027534-fr, pp. 79-80.

- En proposant des codes de conduite propres aux agents publics qui travaillent dans des domaines « à risque », en particulier ceux qui sont le plus en interaction avec le secteur privé (voir encadré 2.9).

Encadré 2.9. Code de conduite canadien pour l'approvisionnement

Le Code de conduite pour l'approvisionnement, destiné à toutes les personnes qui participent au processus de passation des marchés publics – fonctionnaires comme fournisseurs – est un énoncé clair des attentes mutuelles garantissant une compréhension commune de base, dans le cadre d'une procédure responsable, éthique et transparente. Il s'applique à toutes les opérations effectuées par l'entité dénommée Travaux publics et Services gouvernementaux Canada (TPSGC), soit pour ses besoins propres, soit pour le compte d'un département client.

Le Code de conduite en matière de marchés publics pose des principes directeurs concernant :

- les responsabilités des agents publics
- les mesures à prendre en cas de conflit d'intérêts
- les mesures applicables après l'exercice d'un emploi public
- la responsabilité des fournisseurs au regard des dispositions des contrats
- le devoir des fournisseurs de respecter les responsabilités des agents publics
- les plaintes et garde-fous procéduraux concernant les fournisseurs
- les sanctions

Source : Travaux publics et Services gouvernementaux Canada (2014), « Contexte et but du Code », http://www.tpsgc-pwgsc.gc.ca/app-acq/cndt-cndct/contexte-context-eng.html.

- En exigeant des agents publics qu'ils fassent état des intérêts privés de membres de leur famille susceptibles de donner lieu à d'éventuels conflits d'intérêts (voir encadrés 2.10 et 2.11).

Encadré 2.10. **Gestion des conflits d'intérêts lors de l'évaluation des appels d'offres en Australie**

La Direction de la programmation, des transports et des infrastructures (DPTI) du gouvernement de l'Australie méridionale propose des solutions pour faire face à des conflits d'intérêts potentiels et significatifs, lors de la passation de marchés publics, au moyen du Cadre de gestion des marchés publics. En vertu de celui-ci, les membres du DPTI doivent immédiatement RAPPORTER à la présidence du panel d'évaluation tout conflit d'intérêts dont ils ont connaissance. Même si un conflit d'intérêts éventuel n'empêche pas nécessairement une personne de participer au processus d'évaluation, il est déclaré et peut être apprécié indépendamment.

Le cadre énumère aussi les situations qui sont considérées comme constituant un conflit d'intérêts significatif pour un membre de l'administration à l'égard d'une entreprise candidate, notamment : *i)* détenir une participation notable dans une petite entreprise privée qui soumissionne ; *ii)* avoir un membre proche de sa famille (par exemple un fils, une fille, un frère ou une sœur) employé par une entreprise candidate, même si cette personne ne prend pas part à la préparation de l'appel d'offres et si l'obtention du marché public n'aurait pas D4incidence significative sur l'entreprise ; *iii)* avoir un parent qui participe à la préparation de l'appel d'offres auquel une entreprise soumissionne ; *iv)* faire preuve de partialité en faveur ou à l'encontre d'une offre (par exemple à cause d'événements qui ont eu lieu à l'occasion d'un précédent contrat) ; *vi)* avoir des rapports réguliers avec un SALARI2 d'une entreprise qui participe à la préparation d'un appel d'offres ; *vii)* avoir reçu des cadeaux, avoir été invité ou avoir profité d'autres avantages similaires de la part d'une entreprise candidate pendant la période précédant le lancement de l'appel d'offres ; *viii)* avoir quitté récemment une entreprise candidate ; *ix)* s'intéresser à une offre d'emploi futur ou à d'autres faveurs d'une entreprise soumissionnaire.

Source : Government of South Australia (s.d.), « DPTI Procurement Practices and Policies », www.dpti.sa.gov.au/open_government/proactive_disclosure/details_of_procurement_practices_within_dep artments.

Q3. *Des mesures sont-elles en place pour permettre de réguler et de limiter l'utilisation d'informations confidentielles par les agents publics ?*

Les autorités pourraient traiter cette question :

- En annulant rétrospectivement les décisions basées sur des informations confidentielles.

- En établissant des mécanismes qui empêchent que des informations confidentielles, une autorité ou une influence soient utilisées à des fins personnelles pour procurer un avantage injustifié à d'autres entreprises et à des entités à but non lucratif.

Q4. *L'État et le secteur privé ont-ils mis en place des mécanismes de protection des salariés qui signalent des actes répréhensibles ou des violations de l'intégrité ?*

Les autorités pourraient traiter cette question :

- En conseillant et en aidant les salariés qui s'interrogent ou ont été témoins d'actes répréhensibles ou de violations de l'intégrité au moyen d'une ligne d'urgence dédiée aux lanceurs d'alerte, et en protégeant efficacement ceux qui ont signalé de bonne foi des actes répréhensibles (voir encadré 2.12 à titre d'exemple).

Encadré 2.12. Assistance en ligne dédiée aux lanceurs d'alerte en Autriche

En mars 2013, le ministère de la Justice a mis en place une assistance en ligne dédiée aux lanceurs d'alerte accessible à partir de la page d'accueil de l'Office de lutte contre la corruption et la délinquance en col blanc auprès du procureur de la République. En septembre 2013, la plateforme avait reçu quelque 590 signalements, dont 53 seulement n'étaient pas fondés. Cette ligne est à l'essai pour deux ans.

Le site internet dédié aux lanceurs d'alerte du ministère fédéral de la Justice permet aux enquêteurs de l'Office de lutte contre la corruption et la délinquance en col blanc (*Zentrale Staatsanwaltschaft zur Verfolgung von Wirtschaftsstrafsachen und Korruption* ; *WKStA*) d'entrer directement en contact avec les lanceurs d'alerte tout en leur garantissant l'anonymat. Le lanceur d'alerte peut décider de garder l'anonymat ou de dévoiler son identité aux enquêteurs.

Sources : Transparency International (2013), « Whistleblowing in Europe », www.transparency.de/fileadmin/pdfs/Themen/Hinweisgebersysteme/EU_Whistleblower_Report_final_web.pdf, p. 25 ; Shoneherr (2013a), « Austria : Whistleblower hotline is launched online -- », www.schoenherr.eu/publications/publications-detail/austria-whistleblower-hotline-is-launched-online/.

- En formulant des lignes directrices sur le signalement d'actes répréhensibles qui entraînent une violation de l'intégrité ou une mauvaise gestion.

- En assurant une protection efficace des salariés des secteurs public et privé ainsi que de leurs carrières lorsqu'ils signalent de bonne foi des actes répréhensibles (voir encadré 2.13).

Encadré 2.13. La protection complète des lanceurs d'alerte d'intérêt public en Corée

La loi coréenne sur la protection des lanceurs d'alerte d'intérêt public protège ceux qui signalent toute atteinte à l'intérêt général dans les secteurs public et privé.

Elle les protège :

a. d'une mutation, d'un changement de poste, d'un licenciement ou de toute autre mesure préjudiciable équivalant à une dégradation du statut professionnel ;

b. d'une action disciplinaire, d'une suspension, d'une baisse de salaire, d'une rétrogradation, d'une restriction des promotions et de toute autre mesure inéquitable ;

c. d'une réaffectation, d'un transfert, d'une suppression de fonctions, d'une modification des fonctions ou de toute autre mesure contraire à la volonté du lanceur d'alerte ;

d. de la discrimination dans l'évaluation des performances, d'un examen par les pairs, etc., et de discriminations consécutives en matière de salaire, de primes, etc. ;

e. de la suppression d'un enseignement, d'une formation ou d'autres possibilités de développement personnel, de la limitation ou de la suppression de budgets, d'effectifs ou d'autres ressources disponibles, de la suspension de l'accès à des informations confidentielles ; de l'annulation de l'autorisation d'utiliser de telles informations ; ou de toute autre discrimination ou mesure préjudiciable aux conditions de travail du lanceur d'alerte ;

f. de l'inscription du nom du lanceur d'alerte sur une liste noire et de la diffusion de cette liste, de l'intimidation, de l'usage de termes violents, d'injures à son égard ou de toute autre action psychologiquement ou physiquement nuisible au lanceur d'alerte ;

> Encadré 2.13. **La protection complète des lanceurs d'alerte d'intérêt public en Corée** (*Suite*)
>
> g. d'un contrôle ou une d'inspection inéquitable de son travail ainsi que de la diffusion des résultats de ce contrôle ou de cette inspection ;
>
> h. de l'annulation d'une licence ou d'un permis ou de toute autre mesure causant un préjudice administratif au lanceur d'alerte.
>
> *Source :* loi coréenne sur la protection des lanceurs d'alerte d'intérêt public, loi n° 10472, 29 mars 2011, article 2 (6).

Q5. Le secteur privé a-t-il pris des mesures assurant le soutien et l'engagement des cadres dirigeants vis-à-vis de la prévention de la corruption dans l'investissement public ?

Les entreprises pourraient traiter cette question :

- En démontrant un engagement visible et actif du conseil d'administration ou d'un organe équivalent à appliquer le programme de l'entreprise.

- En démontrant un soutien et engagement résolus, explicites et visibles pour le respect des contrôles internes de la société, de son éthique et de ses programmes de conformité, ainsi que mesures prises pour prévenir et déceler la corruption d'origine étrangère (voir encadré 2.14).

> Encadré 2.14. **Déclarations de British Petroleum et de Vodafone contre la corruption**
>
> **British Petroleum**
>
> « Nous opérons dans certains des pays qui présentent les plus grands risques de corruption, au regard de l'Indice de perception de la corruption de Transparency International. Nous avons la responsabilité envers nos actionnaires ainsi qu'envers les pays et les communautés avec lesquels nous travaillons de faire preuve dans nos opérations d'un comportement éthique et respectueux de la loi. Notre code de conduite indique clairement que nous ne tolérons aucune forme de corruption. Notre politique de lutte contre la corruption s'applique à l'ensemble des activités de BP. Elle concerne des aspects tels que le caractère approprié des clauses des contrats, l'évaluation des risques et la formation. Nous axons cette dernière sur les risques et sur les collaborateurs pour lesquels nous pensons qu'elle est le plus utile compte tenu, par exemple, d'incidents spécifiques ou de la nature ou du lieu d'exercice de leur activité ».
>
> **Vodafone**
>
> « Pour que les principes de notre entreprise soient respectés, on attend de Vodafone, de ses fournisseurs et de ses partenaires qu'ils appliquent une politique de tolérance zéro à l'égard de la corruption. Un programme complet de mise en conformité contribue à la connaissance de cette politique et à son application à notre activité mondiale. Un élément essentiel du programme de lutte contre la corruption de Vodafone consiste à communiquer avec ses fournisseurs et ses partenaires commerciaux pour s'assurer qu'ils pratiquent une politique similaire de tolérance zéro à l'égard de la corruption, appuyée sur un programme de mise en conformité ; celui-ci doit comprendre l'adoption par les dirigeants d'un discours adéquat, des mesures, des formations, une prise de conscience, l'exercice d'une vigilance appropriée, des procédures de lancement d'alerte et un suivi dans ce domaine.

Encadré 2.14. **Déclarations de British Petroleum et de Vodafone contre la corruption** *(Suite)*

On retrouve ces éléments dans notre code d'achat éthique V2.0. La chaîne logistique de Vodafone a un rôle significatif à jouer dans le processus de choix des fournisseurs ; or l'octroi ou l'acceptation de cadeaux, les invitations ou les divertissements peuvent être mal interprétés lorsqu'il s'agit de garantir l'honnêteté et la transparence de ce processus. Les fournisseurs doivent savoir et accepter que la chaîne logistique de Vodafone applique une politique « sans cadeau » et que toute invitation inappropriée sera refusée. Il faut aussi rappeler que le programme « Exprimez-vous », destiné aux fournisseurs de Vodafone, offre un mécanisme de lancement d'alerte anonyme et confidentiel à toute personne souhaitant signaler un comportement non éthique, qui pourra faire l'objet d'une enquête ».

Sources : BP (British Petroleum) (s.d.), "Our Code of conduct), www.bp.com/en/global/corporate/sustainability/how-we-operate/our-code-of-conduct.html ; Vodafone (s.d.), "Anti-Bribery" www.vodafone360.com/content/index/about/about_us/suppliers/anti_bribery.html.

- En adoptant des codes de conduite anti-corruption destinés aux entreprises (voir encadré 2.15).

Encadré 2.15. **Code de conduite de l'APEC pour lutter contre la corruption dans les entreprises**

Les dirigeants des pays membres de la Coopération économique Asie-Pacifique (APEC) ont reconnu la nécessité de faire reculer la corruption dans les entreprises ainsi que de promouvoir l'intégrité et la transparence dans le secteur privé ; à cette fin, ils ont conçu le code de conduite de l'APEC pour lutter contre la corruption dans les entreprises. Il mentionne spécifiquement les points suivants :

1. Interdiction de verser des pots-de-vin ; nécessité de prohiber toutes les formes de corruption.

2. Programme de lutte contre la corruption ; les entreprises, après avoir consulté leurs salariés, doivent élaborer un programme adapté à leurs caractéristiques et particularités, applicable obligatoirement à toutes leurs filiales étrangères et nationales.

3. Formulation de principes directeurs portant sur les donations caritatives, les cadeaux, les invitations, les frais, les « paiements de facilitation » et les contributions financières aux partis politiques.

4. Application du programme au moyen d'actions de communication, d'une impulsion donnée par les dirigeants, notamment le conseil d'administration et le PDG, de mécanismes appropriés de comptabilisation et de contrôle, d'une gestion des ressources humaines qui reflète l'engagement de l'entreprise dans ce domaine, d'une plus grande prise de conscience, d'un suivi et de réexamens, de formations, etc.

Source : APEC (s.d.), « Code de conduite pour lutter contre la corruption dans les entreprises », www.apec.org/Groups/SOM-Steering-Committee-on-Economic-and-Technical-Cooperation/Task-Groups/~/media/Files/Groups/ACT/07_act_codebrochure.ashx (consulté le 20 octobre 2015).

Q6.   Les États et les entreprises ont-ils pris des mesures destinées à promouvoir et à encourager l'intégrité et la conformité ?

Les États et les entreprises pourraient traiter conjointement cette question :

- En adoptant une méthode holistique pour favoriser l'intégrité des activités d'affaires, en particulier dans le domaine de l'investissement public ; en effet, ces opérations sont particulièrement exposées au risque de corruption et à d'autres pratiques répréhensibles (fraude, trucage d'appels d'offres, blanchiment d'argent, conflits d'intérêts). Dans le cadre de son nouveau projet Entreprise et Confiance, l'OCDE envisage une démarche de ce type pour promouvoir l'intégrité dans l'entreprise (www.oecd.org/daf/ca/trust-business.htm). Elle pourrait comprendre l'évaluation des mesures figurant ci-dessous afin de créer une culture d'intégrité dans les entreprises qui travaillent avec les administrations ; on peut retrouver nombre de ces mesures dans le *Guide de bonnes pratiques pour les contrôles internes, la déontologie et la conformité* de l'OCDE :

  - faire en sorte que l'engagement d'une entreprise dans la lutte contre la corruption se reflète dans le recrutement, les promotions, l'évaluation des performances et la reconnaissance de cet engagement ;

  - garantir que les salariés ne font pas l'objet de représailles ou de mesures discriminatoires ou disciplinaires pour avoir refusé de verser des pots-de-vin, même si ce refus a pu entraîner une perte d'activité pour l'entreprise ;

  - offrir en permanence aux salariés des formations sur les mesures relatives à l'intégrité et à la lutte contre la corruption ;

  - appliquer des politiques spécifiques dans des domaines risqués tels que les paiements de facilitation, les conflits d'intérêts, la sollicitation et l'extorsion, ainsi qu'à des catégories particulières de dépenses comme les cadeaux, les invitations, les voyages et divertissements, les contributions aux partis politiques, les dons caritatifs et les parrainages.

- Les initiatives de plusieurs parties prenantes ou les actions de groupe constituent une manière efficace de promouvoir la transparence et la responsabilité dans le secteur de la construction à financement public (voir encadré 2.16).

Encadré 2.16. Initiative pour la transparence dans le secteur de la construction (CoST)

CoST fonctionne en partenariat avec l'État, la profession et la société civile pour promouvoir la diffusion d'informations sur l'investissement public dans les infrastructures. Ces informations comprennent 38 points de données – la « norme de données sur les infrastructures » – qui sont publiés périodiquement pendant le cycle de vie d'un projet. Elles sont conçues pour informer les parties prenantes et leur permettre de demander des comptes aux décideurs.

Les entités publiques chargées des marchés publics doivent diffuser les informations sous une forme accessible aux parties prenantes. Une équipe de contrôle indépendante examine les données publiées et établit un rapport concis qui se prononce sur leur véracité et recense tout écart ou sujet de préoccupation.

Encadré 2.16. **Initiative pour la transparence dans le secteur
de la construction (CoST)** *(Suite)*

L'initiative CoST opère maintenant dans 14 pays – Afghanistan, Éthiopie, Honduras, Guatemala, Malawi, Philippines, Royaume-Uni, Salvador, Tanzanie, Thaïlande, Ouganda, Ukraine, Viet Nam et Zambie. Chaque programme est supervisé par un groupe de plusieurs parties prenantes composé de représentants des administrations, de la profession et de la société civile. Un nouveau programme pourrait être lancé sur une base « facultative » sans obligation juridique de divulguer des informations, mais leur communication a été finalement institutionnalisée par l'adoption d'une « obligation formelle de divulgation ».

Les améliorations en matière de transparence et de responsabilité concourent à créer pour les entreprises un contexte commercial dans lequel la corruption est moins susceptible d'apparaître, ce qui contribue à favoriser des progrès dans la gestion et l'efficience. En définitive, elles permettent de mieux rentabiliser la dépense publique, et de rehausser la qualité des infrastructures et des services.

Source : adapté de www.constructiontransparency.org/ (consulté le 20 octobre 2015).

1. Phase de définition des besoins et de sélection

Pendant le processus de recherche et de sélection des projets d'investissement, auquel participent de nombreuses parties prenantes, les agents publics peuvent avoir une marge discrétionnaire importante, d'où des risques de corruption à ce stade. Il faut définir et communiquer clairement des règles propres à chaque partie prenante, ainsi que recenser et gérer de façon adéquate les éventuels conflits d'intérêts impliquant les agents publics qui prennent part au processus.

Renforcer la transparence et la participation publique peut aider à fonder le processus sur de véritables priorités publiques. En outre, le traitement des informations confidentielles et la dépolitisation de la recherche et de la sélection de l'investissement public pourraient limiter les influences inappropriées. Les questions et réponses suivantes peuvent servir de guide pour prévenir la corruption pendant cette phase.

Q7. *Des mesures sont-elles en place pour garantir que les décisions relatives à l'investissement public sont basées sur des objectifs nationaux, régionaux ou sectoriels ?*

Les autorités pourraient traiter cette question :

- En proposant des plateformes en ligne sur lesquelles le public serait invité à contribuer à la définition des priorités en matière d'infrastructures nationales.

- En créant un organe responsable de l'évaluation des besoins infrastructurels du pays.

- En se coordonnant avec les administrations infranationales pour s'assurer que les priorités stratégiques en matière d'investissement sont bien harmonisées entre les différents échelons de l'État (OCDE, 2014a) (voir encadré 2.17).

Encadré 2.17 *Infrastructure Australia* et la plateforme de dialogue entre les échelons publics nationaux et infranationaux

Infrastructure Australia

En 2008, le gouvernement central a créé l'organe consultatif dénommé *Infrastructure Australia* (IA) pour coordonner avec les États les investissements d'importance nationale. Cet organe a pour mission de conseiller le gouvernement central sur les priorités d'investissement dans les secteurs des transports, des communications, de l'eau et de l'énergie, et d'aider les États à recenser les projets d'infrastructures prioritaires sur le plan national. IA se prononce sur les demandes de fonds des États dans le cadre du *Building Australia Fund* (BAF), principal mécanisme national de financement des grands projets d'infrastructures.

Plateforme de dialogue entre les échelons publics nationaux et infranationaux

Le Conseil des autorités australiennes (COAG) est la principale instance chargée de définir et d'appliquer la politique de coopération interinstitutionnelle. Il est composé du Premier Ministre du pays, qui le préside, des Premiers Ministres des États et des Territoires, et du président de l'Association des collectivités locales. Au sein du COAG, les administrations fédérales et infranationales ont entériné des principes directeurs nationaux sur les partenariats public-privé, sont convenus d'une stratégie portuaire nationale et ont conclu des accords interadministrations sur les véhicules lourds, les chemins de fer et la sécurité maritime. Le COAG reçoit aussi régulièrement des rapports d'*Infrastructure Australia*.

Source : OCDE (2014b), « Toolkit on effective public investment across levels of government – Australia www.oecd.org/effective-public-investment-toolkit/australia.pdf.

Q8. *Des mesures sont-elles en place pour éviter que le choix des investissements publics ne favorise un groupe d'intérêts ou une personne en particulier au détriment de l'intérêt général ?*

Les autorités pourraient traiter cette question :

- En rendant le processus décisionnel plus transparent :
  - par la publication d'informations pertinentes sur des supports tels que des sites internet et lettres d'information (voir encadré 2.18)
  - par la transmission de ces informations à la société civile et aux médias, qui jouent un rôle particulier de responsabilisation des parties prenantes.

Encadré 2.18. **Le site internet du Royaume-Uni sur la programmation des infrastructures nationales**

La loi de programmation de 2008 a été adoptée pour simplifier le processus décisionnel en matière de projets d'infrastructures de portée nationale, tout en le rendant plus équitable et plus rapide pour les communautés et les concepteurs. L'Inspection des programmes, agence administrative responsable de l'examen des candidatures pour l'exécution de ces projets, a créé un site internet qui permet aux citoyens de se renseigner sur les principaux projets d'infrastructures proposés en Angleterre et au Pays de Galles.

Les projets présentés sont ceux pour lesquels :

- le concepteur a informé l'Inspection des programmes par écrit de son intention de déposer une candidature dans le futur ;

- une candidature a déjà été transmise à l'Inspection des programmes et est en cours d'examen ;

- une décision a été prise.

Les projets retirés restent consultables sur le site internet pendant un certain temps.

Source : UK Planning Inspectorate, National Infrastructure Planning website, http://infrastructure.planningportal.gov.uk/ (consulté le 20 octobre 2015).

- En publiant des informations et des rapports sur les plans de développement national à long terme.

- En favorisant la participation des citoyens au moyen de budgets participatifs (voir encadré 2.19).

Encadré 2.19. **Le budget participatif de Porto Alegre au Brésil**

Le budget participatif (BP) a vu le jour il y a dix ans à Porto Alegre, capitale de l'État du *Rio Grande do Sul*, l'une des villes les plus peuplées du sud du Brésil.

Ce processus permet aux citoyens de présenter des demandes et de faire état de leurs priorités d'amélioration ; ils influencent ainsi par la discussion et la négociation les dotations budgétaires de leur commune.

Depuis 1989, à Porto Alegre, le budget de la protection sociale n'est fixé qu'après la formulation de recommandations par les délégués publics et leur approbation par le conseil municipal. Le budget participatif a entraîné une amélioration des équipements collectifs de la ville.

Cette pratique a montré qu'une administration démocratique et transparente des ressources est le seul moyen d'éviter la corruption et une mauvaise utilisation des fonds publics. Malgré certaines objections technocratiques, la participation populaire a assuré l'efficacité de la dépense publique, son ciblage approprié et des résultats d'une grande importance pour la population en matière de travaux publics et sur d'autres points. Depuis son lancement, les projets relevant du budget participatif ont représenté des investissements supérieurs à 700 millions USD, concernant principalement les infrastructures urbaines et l'élévation de la qualité de vie de la population.

Sources : adapté de Banque mondiale (2015), « Les budgets participatifs au Brésil », *Empowerment Case Studies*, http://siteresources.worldbank.org/INTEMPOWERMENT/Resources/14657_Partic-Budg-Brazil-web.pdf; UNESCO (2015), « L'expérience du budget participatif à Porto Alegre, Brésil www.unesco.org/most/southa13.htm

---

- En développant la participation des citoyens au moyen de sites internet créés à leur intention pour hiérarchiser les priorités d'investissement public (voir encadrés 2.20 et 2.21).

Encadré 2.20. **Le site internet *Transparent Chennai* en Inde**

Transparent Chennai est un site internet indien qui agrège et diffuse des données et des études sur les problèmes civiques importants auxquels est confrontée la ville de Chennai, notamment sa population pauvre. Il cherche à responsabiliser les citoyens en leur donnant des informations utiles et faciles à comprendre qui permettent de mieux mettre en évidence leurs besoins, d'évaluer les performances des administrations et d'améliorer la vie citadine. L'objectif est de donner aux habitants, surtout les plus défavorisés, davantage d'influence sur l'aménagement et la gouvernance de la ville. Le caractère unique du travail de cette organisation vient du fait qu'elle crée des cartes et des données pour faire comprendre les problèmes des habitants. L'idée est que le manque de données a parfois permis aux pouvoirs publics de ne pas assumer leurs responsabilités en matière de services de base pour tous les habitants, et de recourir impunément à la force dans les bidonvilles et à l'égard des travailleurs informels. L'organisation collabore étroitement avec des personnes et des associations de citoyens pour établir des données pouvant démentir les données officielles, inexactes ou incomplètes, et permettant aux habitants de mieux faire valoir leurs droits et de réclamer des prestations auprès des administrations.

Certaines de ces données sont disponibles sous la forme de cartes interactives qui peuvent être juxtaposées pour replacer les informations dans leur contexte. La cartographie peut fournir des renseignements utiles aux citoyens, faire apparaître les lacunes des données administratives, éclairer sur les politiques publiques, responsabiliser davantage les élus et les fonctionnaires et permettre aux habitants de penser « en termes d'espace » dans une époque d'urbanisation rapide.

Les membres de l'équipe mènent aussi des recherches approfondies sur des questions importantes pour la ville, notamment la gouvernance urbaine, la responsabilisation des élus, les processus d'aménagement participatif, les problèmes piétonniers, les bidonvilles, les systèmes d'assainissement et la gestion des déchets solides ; des précisions sur toutes ces questions figurent sur le site internet. L'équipe diffuse régulièrement ses données et études sur le site de l'organisation, sur un blog et au moyen de listes d'adresses, de publications, de réunions avec des citoyens, des chercheurs et des décideurs, par des conférences et dans les médias, à la fois en anglais et en tamoul.

Source : www.transparentchennai.com/about/ (consulté le 20 octobre 2015).

Encadré 2.21. **Repenser la participation publique dans les projets d'infrastructures**

Sachant que l'objectif de tout projet public d'infrastructure et de construction (PPIC) est de faire progresser le bien-être de la société, l'université de Hong Kong a lancé une étude sur les idées innovantes qui favorisent la participation publique aux projets d'infrastructures.

Comme ces projets sont susceptibles d'avoir une incidence sur l'environnement et les conditions d'habitation de la population, il n'est pas inhabituel qu'ils suscitent des critiques ou même l'opposition de différentes catégories de parties prenantes. On se préoccupe donc de plus en plus de l'efficacité de la participation publique aux PPIC.

> **Encadré 2.21. Repenser la participation publique dans les projets d'infrastructures**
> *(Suite)*
>
> Les auteurs s'intéressent aux éléments essentiels de la participation publique en s'interrogeant sur les acteurs du processus, son objectif et la manière dont il se déroule. L'étude commence par un examen des pratiques internationales en matière de participation publique et des modèles proposés par différents chercheurs. Elle traite ensuite les principaux aspects du processus de participation publique. Elle se termine en proposant un cadre participatif complet destiné aux PPIC, en particulier les plus sensibles. Les résultats montrent que les points de vue des différentes parties prenantes peuvent être assez divergents, et il est nécessaire de veiller à ce qu'un consensus soit atteint aux différentes étapes du projet grâce à un cycle complet d'exercices participatifs bien planifié afin de maximiser les chances de succès du projet. Plus important encore, une meilleure acceptation des autres points de vue mais aussi une plus grande sensibilisation sur l'importance de la participation du public sont nécessaires pour s'assurer que la société retire les bénéfices du développement économique et social sans pour autant sacrifier les droits et les intérêts des groupes minoritaires
>
> *Source :* University of Hong Kong (2012), « Rethinking public participation in infrastructure projects », http://hub.hku.hk/bitstream/10722/159430/1/content.pdf?accept=1.

- En invitant les groupes concernés à participer à la prise de décision :

    - grâce à un dosage adéquat des participants et en s'assurant qu'aucune catégorie n'est exclue par inadvertance

    - par le recensement et l'analyse des parties prenantes (voir encadré 2.22).

> **Encadré 2.22. L'enquête publique sur la construction du terminal 5 d'Heathrow au Royaume-Uni**
>
> La construction du terminal 5 (T5) de l'aéroport d'Heathrow a été le plus grand projet européen de BTP du début des années 2000.
>
> Ce projet détient aussi le record de la plus longue enquête publique de l'histoire du Royaume-Uni, avec une durée de près de quatre ans. Elle a coûté 80 millions GBP, 700 personnes ont été entendues et les retranscriptions représentent 100 000 pages. Le ministre compétent a donné son accord au projet après avoir examiné le rapport d'enquête ; un certain nombre de conditions et de limites ont été imposées pour tenir compte des plaintes des communautés locales à propos du bruit et de la pollution.
>
> L'autorité britannique des aéroports (BAA) a fait valoir que ce terminal était nécessaire en raison de l'augmentation prévue du nombre de passagers, qui passerait de 58 millions à l'époque à 80 millions en 2013, pour que Heathrow reste une plateforme aéroportuaire d'envergure mondiale. Selon elle, étant donné la taille de plus en plus grande des avions, le nombre de vols n'allait augmenter que de 8 %. La BAA a déclaré lors de l'enquête publique qu'elle était prête à accepter une limitation du niveau sonore des avions équivalant à celui de 1994 et un plafonnement des vols nocturnes au nombre en vigueur au moment de l'enquête. Elle a soutenu que le bruit n'augmenterait pas, les moteurs étant de plus en plus silencieux et la surveillance du bruit s'améliorant. Selon elle, si le projet de terminal 5 était rejeté, la capacité aéroportuaire du sud-est de l'Angleterre allait devenir insuffisante dans un délai de cinq ans, ce qui aurait des effets négatifs sur l'économie. La BAA a aussi fait valoir que les sondages d'opinion montraient qu'un nombre croissant de résidents locaux soutenait le projet.

Encadré 2.22. **L'enquête publique sur la construction du terminal 5 d'Heathrow au Royaume-Uni** *(Suite)*

La Chambre de commerce de Londres lança une campagne, « Business for T5 », présentant les avantages d'un agrandissement de l'aéroport. Selon elle, les visiteurs passeraient 10 millions de nuits de moins en Grande-Bretagne si le terminal 5 n'était pas réalisé, d'où une perte de l'ordre d'1 milliard GBP pour le secteur hôtelier, et de 500 millions GBP pour le secteur touristique dans son ensemble.

Heathrow effectue, depuis, des consultations sur les conséquences immobilières et sonores, en vue de calculer les dédommagements et de recueillir des opinions sur la manière d'utiliser les fonds correspondants. Cinq cent cinquante millions de GBP ont été alloués à un programme d'isolation sonore et de dédommagement des propriétaires.

Source : Butcher, Louise (2014), « Aviation ; London Heathrow Airport », *Commons Briefing Papers,* SN01136, http://researchbriefings.parliament.uk/ResearchBriefing/Summary/SN01136. Contains parliamentary information licensed under the Open Parliament Licence v3.0, www.parliament.uk/site-information/copyright/open-parliament-licence/.

- En consultant des experts et des personnes étrangères à l'administration publique pour évaluer la pertinence de l'investissement public et en publiant les résultats de cette consultation.

- En veillant à la transparence et à l'intégrité des activités de lobbying (OCDE 2010, Principes pour la transparence et l'intégrité des activités de lobbying) :

    - création d'un registre des représentants d'intérêts (voir encadré 2.23)

Encadré 2.23. **Le registre de transparence de l'UE**

Le registre de transparence a été créé en 2011 afin de répondre à des questions essentielles telles que celle de savoir quels sont les intérêts défendus, par qui et avec quels budgets. Le système est géré conjointement par le Parlement européen et la Commission européenne.

Ce nouveau registre, qui remplace celui établi par la Commission en 2008, compte déjà plus de 4 000 organisations. Il ne se limite pas aux groupes d'intérêts traditionnels ; il inclut également des cabinets d'avocats, des organisations non gouvernementales (ONG) et des groupes de réflexion – en fait, toute organisation ou personne exerçant une activité indépendante qui cherche à influer sur l'élaboration et la mise en œuvre des politiques de l'UE. Le registre constitue une étape dans la réalisation de l'objectif d'une démocratie plus participative que s'est fixé l'UE.

Les inscrits doivent aussi fournir plus d'informations qu'auparavant, par exemple le nombre de collaborateurs engagés dans des actions de sensibilisation et de défense, les principales propositions législatives auxquelles ils se sont intéressés et le montant des financements qu'ils ont reçus de l'UE.

En s'inscrivant au registre de transparence, une organisation s'engage à respecter un code de conduite commun, qui l'oblige par exemple à toujours s'identifier par son nom et par l'entité pour laquelle elle travaille, et à ne pas se procurer des informations par des moyens malhonnêtes. Un mécanisme de plaintes et des mesures à mettre en œuvre sont également prévus en cas de non-respect de ces obligations.

Source : Commission européenne (s.d.), « Registre de transparence », http://ec.europa.eu/transparencyregister/public/homePage.do.

- En appliquant des règles sur le passage du public au privé (par exemple un délai d'incompatibilité, etc.) (voir encadré 2.24)

Encadré 2.24. **Passage du public au privé : Australie et Chili**

En Australie, l'article 7 du code de conduite des représentants d'intérêts prévoit une période d'incompatibilité de 18 mois pour les ministres et les secrétaires d'État, et de 12 mois pour le personnel des ministères. Pendant cette période, les premiers ne peuvent pas exercer d'activité de lobbying en rapport avec les sujets traités lors des 18 derniers mois de leur activité ; le délai est de 12 mois pour les seconds.

Au Chili, pendant les six mois qui suivent la cessation d'activité, les fonctionnaires et les membres de l'exécutif ont l'interdiction de travailler dans ou pour une société placée sous la supervision et le contrôle de l'administration dans laquelle ils occupaient auparavant un poste.

Source : OCDE (2014c), *Lobbyists, Governments and Public Trust, Volume 3 : Implementing the OECD Principles for Transparency and Integrity in Lobbying*, Editions OCDE, Paris, http://dx.doi.org/10.1787/9789264214224-en.

- En garantissant une composition transparente/équilibrée de l'instance consultative et en prévoyant des procédures claires de sélection, d'appartenance et de nomination, ainsi qu'un mandat précis (voir encadré 2.25).

Encadré 2.25. **Le registre des groupes d'experts et autres entités similaires de l'UE**

En décembre 2010, la Commission européenne a créé un Registre des groupes d'experts et autres entités similaires. Il contient des informations relatives à la catégorie à laquelle appartient l'entité référencée, à la composition des groupes, à la direction générale qui les contrôle, aux procédures employées pour choisir les membres, ainsi qu'aux missions et aux activités de ces groupes. Les parties prenantes peuvent ainsi surveiller le travail des groupes consultatifs, ce qui réduit la possibilité que les intérêts de quelques-uns influencent les résultats aux dépens de l'intérêt public.

Source : OCDE (2014c), *Lobbying, pouvoirs publics et confiance du public, volume 3 : appliquer au lobbying les principes de l'OCDE en matière de transparence et de gouvernance*, Éditions OCDE, Paris, http://dx.doi.org/10.1787/9789264214224-en.

Q9. ***Des mesures sont-elles en place pour empêcher que les élus ne choisissent un investissement public particulier qui bénéficie à des entreprises ayant contribué financièrement à leurs campagnes électorales ?***

Les autorités pourraient traiter cette question :

- En interdisant certaines catégories de dons privés, notamment :

  - ceux provenant d'entreprises auxquelles des contrats publics ont été attribués ou dont l'État est en partie propriétaire

  - ceux provenant d'entreprises privées, de syndicats, etc.

  - ceux d'entreprises étrangères

- Par le plafonnement du financement privé

- En exigeant la divulgation d'informations sur le financement des partis politiques et en s'assurant que :

  – ces informations sont diffusées publiquement en temps utile et qu'elles sont fiables, accessibles et compréhensibles

  – qu'elles sont complètes et englobent les dons privés (voir encadré 2.26).

Encadré 2.26. **Supervision/diffusion des informations au Royaume-Uni et en Italie**

Au Royaume-Uni, toutes les informations financières communiquées par les partis, c'est-à-dire celles concernant les dons ou prêts, les dépenses de campagne électorale et les comptes sont consultables sur le site internet de la Commission électorale. On y trouve des copies des factures et des reçus relatifs aux frais de campagne.

En Italie, les comptes financiers des partis doivent être publiés sur leurs sites internet, sur celui de la Chambre des députés, ainsi que dans la presse et au journal officiel.

Source : OCDE (2016a), *Financing Democracy : Funding of Political Parties and Election Campaigns and the Risk of Policy Capture,* - Éditions OCDE, Paris, http://dx.doi.org/10.1787/9789264214224-en.

- En favorisant la surveillance par les médias et la société civile.

- En veillant à ce que les entreprises/les entreprises publient en ligne leurs contributions financières aux campagnes électorales et aux partis politiques.

- En effectuant une supervision indépendante et efficiente :

  – par le renforcement de l'indépendance de l'entité chargée du suivi et des procédures

  – par l'octroi de moyens sous forme de ressources suffisantes ainsi que de capacités de contrôle et de méthodologies spécialisées

  – par des sanctions dissuasives et exécutoires en cas de violation (voir encadré 2.27).

Encadré 2.27. **Sanctions en cas de non-communication des informations financières en Nouvelle-Zélande**

En Nouvelle-Zélande, il est possible de se voir infliger une amende en cas de non-communication d'informations financières. Si les dons sont supérieurs à 1 500 NZD (1 000 USD), l'excédent doit être versé à l'instance d'organisation des élections. Les personnes reconnues coupables de corruption perdent leur droit de vote pour trois ans et encourent une peine de prison pouvant aller jusqu'à deux ans. En cas de pratiques électorales frauduleuses, l'élection d'un soumissionnaire peut être annulée.

Source : OCDE (2016a), *Financing Democracy : Funding of Political Parties and Election Campaigns and the Risk of Policy Capture,* http://dx.doi.org/10.1787/9789264214224-en.

---

2. Phase d'appréciation

Il peut être difficile d'évaluer le coût des projets d'investissements dirigés par l'État, en particulier des projets d'infrastructures, pour lesquelles des informations comparables ne sont pas souvent disponibles en raison de leur ampleur ou de la rareté de réalisations similaires. Les études de faisabilité financière, économique, environnementale et sociale sont alors plus susceptibles d'être manipulées. Certains experts conseillent donc d'utiliser des prévisions par classe de référence pour estimer plus exactement les coûts et les avantages d'un projet (Flyvbjerg, Garbuio et Lovallo, 2009).

En outre, garantir l'indépendance des experts et des consultants réalisant les études peut aussi permettre de limiter les risques de corruption pendant cette étape. De même, un contrôle professionnel et indépendant peut être une méthode efficace pour dissuader et détecter la corruption. Lors de l'appréciation d'un projet, un audit préalable devrait permettre de bloquer les voies possibles de corruption, les risques étant alors parés avant le lancement du projet. Toutefois, il ne faut pas considérer cet audit comme le seul moyen de contrôle, mais comme une méthode de vérification associée à une vigilance appropriée et à l'application de contrôles mesurés. Les questions et réponses suivantes peuvent servir de guide pour prévenir des pratiques de corruption lors de cette phase.

> ### Q10. *Des mesures sont-elles en place pour garantir que l'attribution aux banques du contrat de financement de l'investissement se fonde sur des considérations de coût et sur leur capacité de financement, et ne résulte pas d'influences inappropriées ?*

Les autorités pourraient traiter cette question :

- En choisissant des banquiers qui suivent des codes de conduite prévoyant expressément une surveillance accrue de ceux qui ont le plus d'interactions avec le secteur public (voir encadré 2.28).

Encadré 2.28. **Principes directeurs de conduite des affaires de la *Commerzbank AG* en Allemagne**

Les principes directeurs de conduite des affaires de la *Commerzbank AG* s'appliquent à l'éthique et au comportement de son personnel, et imposent entres autres le respect des lois en vigueur, l'impartialité et l'interdiction de recevoir ou de faire des cadeaux. Ces principes portent aussi sur les conflits d'intérêts, les pots-de-vin, la corruption, la fraude fiscale, le blanchiment d'argent sale et le délit d'initié.

Source : Commerzbank AG (s.d.), « The Business Conduct Guidelines of Commerzbank AG », www.commerzbank.de/en/nachhaltigkeit/governance/governance_1.html.

- En appliquant des législations ou des codes de conduite interdisant explicitement aux agents publics de recevoir des fonds ou des cadeaux qui pourraient entraîner des conflits d'intérêts avec leur activité officielle.

- En réclamant une surveillance plus étroite des hauts responsables qui exercent un important pouvoir discrétionnaire et de décision.

Q11. Des mesures sont-elles en place pour garantir l'objectivité et la crédibilité des études de faisabilité sociale, économique et environnementale ?

Les autorités pourraient traiter cette question :

- En limitant la marge d'évaluation discrétionnaire des agents publics :

  - par la délégation des études de faisabilité sociale, économique et environnementale à des experts externes (voir encadré 2.29)

  - par l'application aux agents publics de principes directeurs d'évaluation standardisés.

Encadré 2.29. **L'autoroute Vadodara Halol en Inde**

L'autoroute à péage Vadodara Halol a été l'un des premiers projets indiens d'élargissement d'une autoroute d'État réalisé au moyen d'un partenariat public-privé. Elle fait partie des imitatives lancées dans le cadre de Vision 2010 – un grand projet d'infrastructures conçu par le gouvernement du Gujarat (GoG). Afin de réaliser ce projet, GoG a passé commande à une société de leasing d'infrastructures et de services financiers (IL&FS) et utilisé une structure *ad hoc*, la VHTRL. Cette entité a ensuite désigné au moyen d'une adjudication compétitive une entreprise chargé de construire, d'exploiter et d'entretenir l'autoroute.

Après la signature d'un protocole d'accord, une entreprise de conseil a été choisie par GoG et IL&FS par voie d'adjudication compétitive et chargée d'une étude préliminaire de faisabilité technique et économique. S'appuyant sur les conclusions de l'étude, GoG a donné son accord pour élargir et améliorer la route à deux voies en la transformant en une route à quatre voies dotée de couloirs de service. Il a été recommandé de recouvrer l'investissement avec le produit des péages.

Source : Ministère indien des Finances (s.d.), « Vadodara Halol Toll Road », http://toolkit.pppinindia.com/ports/module3-rocs-vhtr5.php ?links=vhtr5 (consulté le 20 octobre 2015).

- Si l'on recourt à une société de conseil pour évaluer la faisabilité d'un projet, il faut effectuer au préalable une vérification en bonne et due forme de celle-ci ; en outre, la sélection doit résulter d'une procédure de passation de marchés publics équitable et transparente.

- En publiant les études dont les agents publics ou les experts qui les ont réalisées seront considérés comme responsables.

- En procédant à une consultation publique dans les formes, associée aux études de faisabilité concernées.

- En gardant une trace de l'évaluation effectuée par les experts pour s'y référer ultérieurement et en pénalisant les experts censés avoir un biais en les écartant de l'évaluation de futurs investissements publics.

- En limitant les possibilités d'exercice d'influences inappropriées sur les experts :

  - sanctions à l'égard des agents publics qui tentent d'influencer indûment leurs études

  - conduite en parallèle d'un audit interne et intervention d'un contrôle externe (encadré 2.30).

Encadré 2.30. **Le centre de gestion des investissements publics et privés en infrastructures (PIMAC) en Corée**

Le PIMAC est un groupe de réflexion qui évalue des projets dans le cadre d'études préliminaires de faisabilité (EPF) et procède à la réévaluation de la faisabilité des investissements publics ainsi qu'à des tests de rentabilité de projets de PPP portant sur des investissements infrastructurels.

Les principes directeurs en matière d'étude préliminaire de faisabilité indiquent comment apprécier des projets et déterminent quel type d'analyse des coûts et des avantages doit y être intégré. L'objectif est de présenter les résultats du travail d'appréciation technique de manière logique et claire, d'assurer la cohérence entre les différentes EPF et d'améliorer la fiabilité et l'imputabilité de leurs résultats. Il s'agit de principes généraux et standardisés applicables à chaque domaine concerné : les routes, les chemins de fer, les aéroports, les ports, la culture, le tourisme, les sports et la recherche-développement.

Ces principes donnent des indications précises sur la faisabilité économique, l'évaluation de la faisabilité budgétaire, l'analyse des politiques publiques (par exemple le degré de retard du développement régional, la promotion de l'économie régionale, la possibilité de recevoir une aide budgétaire, la cohérence avec les programmes en rapport, l'évaluation de l'incidence sur l'environnement, etc.) et le processus de hiérarchisation analytique (PHA).

Source : http://pimac.kdi.re.kr (consulté le 20 octobre 2015).

Q12. *Des mesures sont-elles en place pour limiter l'influence d'un éventuel opérateur privé d'un PPP ou d'une concession ?*

Les autorités pourraient traiter cette question :

- En formulant des normes d'analyse des risques qui limitent la marge discrétionnaire des agents publics (voir encadré 2.31).

Encadré 2.31. **Le registre des risques britannique**

Le ministère britannique des Transports exige que les entrepreneurs établissent un registre exhaustif des risques pour limiter ceux liés à la réalisation de grands projets. Ce registre énumère les risques susceptibles d'affecter la livraison et l'exploitation de l'infrastructure proposée. Les risques relatifs à la réalisation (par exemple la durée et les coûts) et les risques d'exploitation (par exemple ceux liés à l'entretien et aux recettes), ainsi qu'une partie de ceux liés au changement climatique, doivent figurer dans ce registre. Celui-ci doit préciser qui assume le risque.

Source : Flyvbjerg, B., M. Garbuio et D. Lovallo (2009), « Delusion and deception in large infrastructure projects : Two models for explaining and preventing executive disaster », *California Management Review*, vol. 51, n° 2.

- En publiant les études et en tenant pour responsables les personnes qui les ont effectuées.

- En effectuant un audit parallèle ou en temps réel.

- En fixant des règles et en prévoyant des sanctions dans la législation ou les codes de conduite pour l'utilisation d'informations confidentielles par des agents publics.

3. Phase de programmation et d'établissement des documents

Des réglementations et des obligations juridiques claires permettent de réduire la marge discrétionnaire des agents publics ou d'éviter que des intérêts privés n'influencent le processus. Une surveillance externe peut s'avérer utile pour limiter la corruption, mais elle n'est pas toujours possible en raison des ressources restreintes du secteur public. En outre, il a été proposé dans un pays une participation locale à l'investissement public pour développer le sens des responsabilités des entreprises à l'égard des projets. Les questions et réponses qui suivent peuvent servir de guide sur les moyens de prévenir la corruption lors de cette phase.

Q13. *Des mesures sont-elles en place pour limiter la possibilité pour des participants d'obtenir un surcroît d'informations qui constituerait une faveur injustifiée ?*

Les autorités pourraient traiter cette question :

- En numérisant la diffusion de l'information.

- En établissant des systèmes solides et exhaustifs de passation de marchés publics en ligne afin de diffuser l'ensemble des informations pertinentes (voir encadré 2.33).

Q14. *Des mesures sont-elles en place pour garantir que la conception des documents d'un appel d'offres et les spécifications ne sont pas restrictives ou adaptées à un soumissionnaire en particulier ?*

Les autorités pourraient traiter cette question :

- En créant une commission d'évaluation indépendante pour répondre aux préoccupations des soumissionnaires sur la conception des appels d'offres (voir encadré 2.34).

- En concevant un modèle d'appel d'offres sans excès de spécifications.

- En faisant appel à un groupe d'experts ou à des personnalités chargés de participer ou contribuer à la conception des documents de l'appel d'offres et des spécifications pour éviter que ces dernières ne soient restrictives.

- En s'assurant que le projet est complet et qu'une commission technique effectue une enquête sur le terrain.

Encadré 2.32. **Les recommandations du GIACC en matière de transparence des grands projets**

Le Centre mondial pour la lutte contre la corruption liée aux projets d'infrastructures (*Global Infrastructure Anti-Corruption Centre* – GIACC) conseille de publier les informations suivantes à l'occasion de chaque grand projet. Elles devraient être diffusées librement, rapidement et régulièrement, sous une forme accessible et compréhensible.

Informations générales sur le projet

(1) nom du responsable du projet

(2) structure et principaux actionnaires du responsable du projet

(3) description, finalité et lieu du projet

(4) autorisation du projet

(5) études de faisabilité et études coûts-avantages

(6) devis préliminaire

(7) budget initial

(8) programme initial

(9) coût réel du projet

(10) programme effectif

(11) oppositions au projet

(12) rapports d'évaluation (d'étape, final et réalisés pendant la durée de vie).

Informations générales sur le financement

(1) nom et adresse du bailleur de fonds

(2) accord de financement

(3) modifications des conditions de financement

(4) commissions payées par le/au bailleur de fonds

(5) études coûts-avantages/de faisabilité du bailleur de fonds

(6) rapport d'évaluation du projet réalisé par le bailleur de fonds

(7) pour les projets à financement public (PFP), accord de financement/d'utilisation entre l'utilisateur du secteur public et le responsable du projet, changements apportés à cet accord et leurs motifs.

Informations sur le permis délivré par l'État

Pour chaque permis/autorisation exigé en rapport avec ce projet :

- dénomination, catégorie, finalité
- administration responsable de sa délivrance
- droits exigés par l'administration
- délai officiel de délivrance
- nom de l'agent public à qui des rapports peuvent être adressés.

Informations sur le contrat principal

(1) dénomination du contrat

(2) type de procédure de marché

(3) invitations à un préexamen qualitatif, à soumettre des offres, etc.

(4) liste des candidats/soumissionnaires présélectionnés

(5) rapport d'évaluation de l'attribution du marché public

(6) noms des personnes chargées de l'évaluation (à divulguer après la publication de l'attribution du contrat)

(7) nom de l'adjudicataire

(8) principaux actionnaires de l'adjudicataire

(9) membres de la coentreprise de l'adjudicataire*

(10) mandataires du entreprise*

(11) documents constitutifs du contrat

(12) montant initial du contrat

(13) nature initiale des travaux et des services prévus par le contrat

(14) programme initial prévu par le contrat

(15) principales modifications du prix, du programme et de la nature des travaux (c'est-à-dire celles évaluées à au moins 5 % du coût ou du programme initial) et leurs motifs

(16) précisions relatives à une éventuelle réattribution du contrat

(17) montant final du contrat

(18) paiements totaux au titre du contrat

(19) programme effectif et date d'achèvement

(20) nature réelle des travaux

(21) pays où les paiements au titre du contrat ont été effectués

(22) devise utilisée pour les paiements au titre du contrat

(23) rapports d'évaluation du contrat.

Informations sur les principaux sous-traitants

(idem contrats principaux)

Informations sur l'évaluateur indépendant

(1) nom et qualifications de l'évaluateur indépendant

(2) accord sur la nomination de l'évaluateur indépendant

(3) personne qui a désigné l'évaluateur indépendant

(4) son obligation d'enquêter sur des faits de corruption et de les signaler

(5) coordonnées de l'évaluateur indépendant à utiliser pour lui communiquer des informations.

Note : *pour chaque membre et mandataire de la coentreprise, il faut indiquer : le nom, les principaux actionnaires, la nature des travaux et des services, les paiements/avantages à recevoir, le pays où les paiements doivent être effectués, la devise utilisée.

Source : GIACC (2008b), « Transparency, Clause 6 », www.giaccentre.org/documents/GIACC.PACSPS2Transparency_Nov08_.Table2.pdf.

**Encadré 2.33. Le système d'information sur les marchés publics
du gouvernement australien**

Le système d'information sur les marchés publics du gouvernement australien, *AusTender*, prévoit la publication centralisée des possibilités d'activité proposées par l'État australien, des programmes annuels de passation des marchés publics, de listes à usages multiples et des contrats attribués.

Les règles officielles de passation des marchés publics imposent aux agences de publier sur *AusTender* les offres en cours et les contrats d'un montant égal ou supérieur à 10 000 AUD. Depuis 2005, les administrations et les entités visées par la loi sur les sociétés doivent aussi publier les détails de certains contrats et de certaines offres en cours.

Sur le site internet d'*AusTender*, on peut consulter les avis de passation de contrats, les notices d'offre normalisées et les projets de marchés publics (www.tenders.gov.au/ ?event=public.reports.list). Ainsi, les dossiers disponibles en ligne sur les avis de contrats comprennent des informations sur l'entité passant un marché, la méthode d'attribution, la valeur et la durée du contrat, sa description et les coordonnées des fournisseurs. Les dossiers sont classés par agence, montant, catégorie, degré de confidentialité, nom du fournisseur (*Australian Business Number* – ABN) et nature des informations. Il est aussi possible de télécharger des résumés donnant des informations sur le nombre et le montant total des marchés.

Les informations générales tirées d'*AusTender* sont disponibles sur le site internet du ministère des Finances.

Elles comprennent :

- l'ensemble des contrats de marchés publics communiqués, avec une décomposition par montant total et nombre de contrats pour chaque année financière

- les contrats de marchés publics classés par seuil de montant, avec une décomposition par montant total, nombre de contrats et pourcentage du nombre total de contrats

- la participation des petites et moyennes entreprises (PME) aux marchés publics

- la participation de chaque entreprise aux marchés publics

- le ratio contrats de biens/contrats de services qui ont été passés

- les 20 principales catégories de contrats de marchés publics portant sur des biens et services, avec une décomposition par montant, pourcentage du montant total et pourcentage de participation des PME

- les 10 principales agences qui passent des marchés publics au sens de la loi de 1997 sur la gestion et la responsabilité financières (FMA), avec une décomposition par montant et pourcentage du montant total, ainsi que leur classement des années antérieures comparé au classement le plus récent.

En outre, le ministère des Finances, en collaboration avec Protiviti, a réalisé une analyse des données 2010-11 et 2011-12 d'AusTender sur : *i)* la répartition (par montant) entre les marchés publics de biens et de services passés par le gouvernement australien ; *ii)* le montant total de ces marchés publics selon la Classification normalisée des produits et services des Nations Unies (SPSC) par rapport aux dépenses publiques totales de l'Australie ; *iii)* la valeur totale des biens achetés qui ont été probablement fabriqués en Australie et des services d'origine australienne ; *iv)* la valeur totale des biens et des services achetés par le gouvernement australien qui ont été probablement importés, afin de déterminer l'incidence des marchés publics australiens sur l'économie du pays. Le rapport est disponible sur le site internet du ministère, à l'adresse www.finance.gov.au/procurement/analysis-of-australian-overseas-purchasing-contracts.html.

Source : OCDE (2016b), « Corruption in Public Procurement »,
http://www.oecd.org/gov/ethics/Corruption-in-Public-Procurement-Brochure.pdf

---

Encadré 2.34. Le projet de pont Tappan Zee sur l'Hudson à New York : surveillance de l'intégrité d'un marché public

Afin de lutter contre les risques de corruption liés au modèle conception-réalisation retenu pour le projet de pont Tappan Zee, il a été décidé de choisir un contrôleur indépendant chargé d'assurer l'intégrité du marché public. Les services du gouverneur et l'autorité de l'État de New York responsable des voies rapides (NYSTA) ont voulu trouver un équilibre entre deux considérations : d'une part, l'exigence de confidentialité pour l'évaluation des propositions et les négociations ; d'autre part, la nécessaire transparence des décisions concernant la dépense de fonds publics ; à cette fin, ils ont fait appel à une entreprise indépendante, étrangère au processus, pour faire en sorte que les contrôles le régissant soient respectés.

Le contrôleur de l'intégrité avait pour objectif d'évaluer le processus, de l'améliorer et de surveiller sa conformité. À cette fin, il était autorisé à : *i)* obtenir et analyser certains documents relatifs à l'intégrité et à la sécurité du processus ; *ii)* faire des recommandations pour améliorer les modalités de recrutement de personnel ; *iii)* effectuer un suivi au moyen d'une participation non prévue à certaines réunions choisies au hasard, de l'examen de documents issus de la procédure de passation des marchés, d'entretiens avec les participants au projet, d'une observation physique de l'application de tous les contrôles essentiels de sécurité/d'intégrité, d'une communication avec des personnes appropriées à propos de tout problème décelé afin de faciliter une correction immédiate ; *iv)* établir un rapport final.

Source : Thacher Associates (2013), « Tappan Zee Hudson River Crossing Project ; Report of the Independent Procurement Integrity Monitor », www.newnybridge.com/documents/int-monitor-report.pdf.

4. Phase d'appel d'offres

Lors de cette étape, la multiplicité des parties prenantes et des modes de livraison favorise la corruption. Des critères ouverts, transparents et clairs de passation des contrats publics (notamment l'absence de condamnation ou d'enquête pour corruption concernant les adjudicataires potentiels) sont essentiels pour assurer l'intégrité du processus. La diversité des étapes rend impossible leur contrôle par un auditeur externe. Il faut une surveillance adéquate du processus pour garantir la qualité des biens et des services fournis. Les questions et réponses qui suivent peuvent servir de guide sur la manière de prévenir la corruption lors de cette phase.

Q15. *Des mesures sont-elles en place pour garantir que l'adjudicataire est le plus qualifié ?*

Les États et les entreprises pourraient traiter cette question :

- En recourant à des pactes d'intégrité pour que les agents publics et les entreprises fassent preuve d'un comportement éthique pendant la procédure d'attribution des marchés publics (voir encadré 2.35).

Encadré 2.35. **Les pactes d'intégrité en Inde**

Les pactes d'intégrité (PI) conçus par Transparency International (TI) dans les années 1990 imposent aux agents publics et aux entreprises d'adopter une conduite conforme à l'éthique. Les trois principaux objectifs sont les suivants : éviter aux entreprises le recours à la corruption en leur garantissant que leurs concurrents feront de même et que les organismes publics s'engagent aussi à la prévenir ; permettre aux administrateurs de réduire les coûts élevés et les distorsions causés par la corruption dans les marchés publics ; permettre aux citoyens de surveiller plus facilement le processus décisionnel public et les activités de leur administration.

Ces dernières années, la Commission centrale de vigilance a pris des mesures louables en promouvant des solutions électroniques et des pactes d'intégrité. Ces derniers aident les administrations, les entreprises et la société civile à lutter contre la corruption dans les marchés publics au moyen d'accords de non-corruption conclus entre l'organisme qui passe un marché et tous les soumissionnaires. En Inde, les pactes d'intégrité présentent un intérêt supplémentaire pour les raisons suivantes :

- indice national élevé de perception de la corruption

- antécédents de scandales et de retards dans les marchés publics

- efficacité limitée des règles en vigueur pour lutter contre la corruption.

Quelque 39 entreprises du secteur public utilisent les pactes d'intégrité dans leurs procédures de passation de marchés. Selon un document de Transparency International-Inde, 96 % des entreprises du secteur public qui adhèrent à un pacte d'intégrité estiment qu'il permet de rendre les passations de marchés plus transparentes, et toutes indiquent que ces procédures pâtiraient de leur absence.

En Inde, les pactes d'intégrité sont utilisés dans plusieurs secteurs tels que l'énergie (gaz, pétrole, centrales thermiques), les télécommunications et la construction d'aéroports. En outre, ce pays a conçu des pactes d'intégrité spécifiques pour les marchés publics en matière de défense (procédures DPP). Ces procédures, adoptées en 2006, ont institué pour la première fois une disposition, appelée pacte d'intégrité précontractuel, qui a pour but de supprimer « toutes les formes de corruption » dans les contrats relatifs à la défense. Les DPP de 2006 prévoient la nomination de contrôleurs indépendants chargés d'examiner toute violation du pacte signalée par l'acheteur. Toutefois, elles ne précisaient pas le rôle et les pouvoirs des contrôleurs indépendants. En 2009, un amendement a été adopté pour remédier à cette carence.

Les contrôleurs indépendants sont désormais autorisés à examiner les plaintes concernant la violation des pactes d'intégrité en ayant accès aux « documents appropriés en rapport avec les plaintes adressées à eux par l'acheteur ». Selon les procédures d'achat de 2011 pour la défense, les pactes d'intégrité sont applicables aux marchés publics égaux ou supérieurs à 100 crores INR (16 millions USD environ), et aux entreprises du secteur de la défense à hauteur de 20 crores INR (3.2 millions USD environ) et plus.

Sources : Central Vigilance Commission (2010), « Draft national anti corruption strategy », http://cvc.nic.in /NationalAntiCorruptionStrategydraft.pdf ; Mishra et al. (2012), *Integrity Pact : Assessment of Integrity Pact (IP) in IP Compliant Public Sector Undertakings*, Transparency International, New Delhi, India, www.integritypact.in/download/Assessment%20of%20Integrity%20Pact%20in%20IP%20compliant %20PSUs.pdf.

- En mettant en œuvre un cadre d'intégrité (voir encadré 2.36).

Encadré 2.36. **Le cadre d'intégrité des TPSGC au Canada**

Les Travaux publics et Services gouvernementaux du Canada (TPSGC) disposent d'un cadre solide pour assurer la responsabilité et l'intégrité de leurs marchés publics et opérations immobilières. Il prévoit des mesures, des procédures et des modalités de gouvernance pour garantir l'équité, l'ouverture et la transparence.

Les principaux éléments du cadre d'intégrité des TPSGC sont les suivants :

Catégories de contrats couverts : le cadre s'applique à tous les contrats et opérations immobilières ou foncières gérés par TPSGC : les contrats de construction, ceux portant sur des biens et services et les contrats relatifs à l'immobilier.

Applicabilité aux sous-traitants/sous-bailleurs : le cadre ne s'applique pas aux sous-traitants, mais exclusivement à l'entrepreneur principal. Toutefois, tous les instruments utilisés dans les marchés publics et les contrats de location-bail stipulent que l'entreprise accepte que le sous-traitant soit tenu aux mêmes conditions contractuelles qu'elle.

Il n'y a pas de seuil de montant pour les contrats couverts par le pacte.

Les infractions visées comprennent, mais sans s'y limiter :

En matière de fraude aux dépens de l'État selon le code criminel	En matière de fraude tombant sous le coup de la loi sur l'administration financière
- le paiement d'honoraires conditionnels à une personne visée par la loi sur les groupes de pression (« lobbying »). - la corruption d'officiers de justice, d'agents publics ou de fonctionnaires. - un fournisseur reconnu coupable est exclu pour une période de dix ans à compter de la date de la condamnation.	- la corruption, la collusion, le trucage d'offres ou toute autre activité anticoncurrentielle mentionnée par la loi sur la concurrence. - la violation délictueuse d'un contrat.

Exceptions : l'exception au titre de l'intérêt public est accordée, au cas par cas, dans les circonstances où il s'avère nécessaire, dans l'intérêt public, de contracter avec un fournisseur reconnu coupable ou qui a reçu une « absolution » conditionnelle ou inconditionnelle pour l'une des infractions figurant dans les dispositions TPSGC. Voici des exemples de ces circonstances :

- aucun autre fournisseur ne peut exécuter le contrat

- l'urgence

- la sécurité nationale

- la santé et la sécurité

- un préjudice économique.

Dans ces cas, TPSGC peut aussi imposer davantage de contrôles stricts, de mesures administratives et un suivi du contrat ou de l'accord portant sur une opération immobilière.

Recours en cas de condamnation postérieure à l'attribution du contrat : TPSGC peut résilier un contrat ou un accord immobilier pour défaillance, si une condamnation intervient après l'attribution du contrat, ou le maintenir avec la possibilité d'imposer des mesures de supervision et de suivi.

Liste des fournisseurs exclus : TPSGC ne tient pas de liste de ces fournisseurs :

- Quand ils font acte de candidature, les fournisseurs certifient qu'ils n'ont pas été condamnés pour les faits précités ou qu'ils ont reçu une absolution, inconditionnelle ou conditionnelle, pour leurs infractions au cadre d'intégrité du TPSGC.

TPSGC vérifie l'éligibilité des fournisseurs et les autorise à participer à l'opération en question.

Source : Travaux publics et Services gouvernementaux Canada (2015), « Le régime d'intégrité du gouvernement du Canada », www.tpsgc-pwgsc.gc.ca/ci-if/ci-if-fra.html.

- En procédant à un compte rendu officiel verbal aux soumissionnaires s'estimant lésés pour bien leur expliquer comment la décision a été prise, ce qui permet une meilleure compréhension de l'intégrité du processus (voir encadré 2.37).

Encadré 2.37. **Le compte rendu verbal au Royaume-Uni**

Le compte rendu verbal est une bonne pratique reconnue qu'utilisent de nombreux pays de l'OCDE pour favoriser un dialogue constructif et transparent avec les acteurs du marché et augmenter le nombre de fournisseurs. En outre, quand on donne aux soumissionnaires non retenus des explications sur la procédure, ceux-ci peuvent mieux comprendre comment la décision a été prise, ce qui améliore la compréhension de l'intégrité du mécanisme. Plus important encore, le compte rendu verbal incite davantage les responsables des marchés publics à appliquer les procédures de façon appropriée et conforme aux normes d'intégrité.

Au Royaume-Uni, la réglementation exige que les services publics fassent un rapport aux soumissionnaires pour les contrats dont le montant dépasse les seuils européens. Elle recommande aussi fortement de procéder à un compte rendu verbal pour les contrats dont le montant est inférieur aux seuils, la responsabilité de l'exercice incombant à l'agence ou à l'entité publique contractante.

Les comptes rendus sont effectués – en face à face, par téléphone ou par visioconférence – dans un délai maximal de 15 jours après l'adjudication, sous l'égide d'agents confirmés ayant participé à la passation du marché.

Les thèmes sur lesquels portent les discussions dépendent beaucoup de la nature du marché, les rencontres se déroulent selon un schéma prédéfini. Après les présentations, les processus de sélection et d'évaluation sont décrits de manière ouverte. Dans une seconde étape, les points forts et les points faibles de l'offre du soumissionnaire sont analysés pour lui permettre de mieux comprendre le résultat. Au terme de l'exposé, les fournisseurs sont invités à donner leur point de vue sur la procédure et à faire part, le cas échéant, d'autres préoccupations ou questions. À noter surtout qu'au cours de ces différentes phases, il est interdit de divulguer des informations sur d'autres offres. Après la rencontre, une synthèse est établie et versée aux archives.

Lorsqu'il est effectué correctement, le compte rendu verbal présente principalement l'intérêt de réduire les risques de contestation judiciaire puisqu'il démontre aux fournisseurs que la procédure a été mise en œuvre correctement et dans le respect des règles des marchés publics et du principe de probité. Bien qu'il ne soit pas possible de prouver l'existence d'un lien de cause à effet entre l'introduction de cette pratique et le nombre de contentieux judiciaires, ce dernier a fortement diminué au Royaume-Uni de 1995 à 2005 (passant de 3 000 à 1 200).

Source : OCDE (2013a), *Public Procurement Review of the Mexican Institute of Social Security : Enhancing Efficiency and Integrity for Better Health Care*, Examens de l'OCDE sur la gouvernance publique, Éditions OCDE, Paris, http://dx.doi.org/10.1787/9789264197480-en.

- En invitant la société civile à vérifier que le processus se déroule de manière transparente (en faisant par exemple appel à des témoins sociaux) (voir encadré 2.38).

Encadré 2.38. **Les témoins sociaux au Mexique**

Depuis 2009, des « témoins sociaux » doivent participer à toutes les étapes des procédures d'appel d'offres supérieures à certains montants afin de promouvoir le contrôle par les citoyens. En 2014, ces seuils étaient de 336 millions MXN (à peu près 25 millions USD) pour les biens et les services, et de 672 millions MXN (50 millions USD environ) pour les travaux publics.

Les témoins sociaux sont des organisations et des personnes sans attache avec l'État que le ministère de l'Administration publique (MAP) sélectionne par appels d'offres publics. Le MAP tient un registre des témoins agréés et évalue leurs performances ; si elles ne sont pas satisfaisantes, les témoins peuvent être éventuellement rayés du registre.

Lorsqu'une entité fédérale réclame la participation d'un témoin social, elle informe le MAP qui désigne l'un de ceux figurant dans le registre.

En janvier 2014, le MAP avait enregistré 39 témoins sociaux pour des projets de marchés publics, dont 5 organisations de la société civile et 34 personnes physiques. Le nombre est passé de 5 en 2005 à 40 fin 2014.

Le MAP fait remarquer que « le suivi effectué par les témoins sociaux des procédures de marchés publics de l'État fédéral présentant le plus d'intérêt a permis leur amélioration du fait de la qualité de leur contribution et de leur expérience, à tel point qu'ils sont devenus un élément stratégique pour garantir la transparence et la qualité du système». Selon une étude de l'OCDE et de l'institut de la Banque mondiale (2006), la participation des témoins sociaux aux procédures de passation de marchés de la Commission fédérale de l'électricité (*Comisión Federal de Electricidad*) a entraîné une économie de quelque 26 millions USD en 2006 et fait augmenter le nombre de candidats de plus de 50 %.

Source : OCDE (2013a), *Public Procurement Review of the Mexican Institute of Social Security : Enhancing Efficiency and Integrity for Better Health Care,* OECD Public Governance Reviews, Éditions OCDE, Paris, http://dx.doi.org/10.1787/9789264197480-en.

- En veillant à ce que le système de réexamen et de réparation mis en place ait les caractéristiques suivantes :

   - dédommagement en temps utile

   - efficacité du traitement (et ainsi de la prévention) des actes illicites commis par les opérateurs économiques ou les autorités contractantes

   - transparence et clarté (c'est-à-dire qu'il soit compréhensible et facile à utiliser par les opérateurs économiques)

   - non-discrimination et disponibilité pour tous les soumissionnaires souhaitant participer à une procédure spécifique d'attribution de contrat (voir encadré 2.39).

> ### Encadré 2.39. **L'office d'examen des marchés de l'État au Japon**
>
> Le mécanisme japonais des réclamations relatives aux marchés publics de biens et de services (dont ceux de construction) a pour objectif de garantir davantage de transparence, d'équité et de concurrence dans le système en vertu du principe de non-discrimination entre les fournisseurs étrangers et nationaux.
>
> Le Conseil d'examen des marchés publics, composé de 7 membres de commissions et de 16 membres nommés à titre spécial, reçoit et étudie les réclamations. L'Office d'examen des marchés publics, présidé par le Secrétaire général du Cabinet et composé des vice-ministres ou des directeurs généraux de tous les ministères et agences, est aussi informé des procédures concernant des réclamations. Les personnes ou entités qui souhaitent déposer une réclamation auprès du conseil peuvent le faire dans un délai de dix jours après avoir pris connaissance des motifs. Le conseil examine la réclamation dans un délai de sept jours ouvrés après son dépôt et décide s'il accepte d'y donner suite.
>
> Si c'est le cas, le conseil informe immédiatement par écrit le plaignant, l'Office et l'entité responsable du marché public et annonce publiquement sa décision dans le journal officiel, sur internet (www5.cao.go.jp/access/english/kouji-e.html) et par d'autres moyens, sollicitant ainsi la présence des parties intéressées. L'entité responsable de la passation du marché public est tenue de présenter un rapport au Conseil ; si le plaignant ou les autres parties ne sont pas d'accord avec ce rapport, ils peuvent présenter une déclaration au Conseil ou demander un réexamen que celui-ci effectuera ultérieurement. Enfin, le Conseil établit dans les 90 jours un rapport exposant ses conclusions s'il s'agit d'un examen ordinaire. Cette période peut être raccourcie si le plaignant ou l'entité responsable du marché le souhaitent. Le délai peut aussi varier selon la nature du marché ou de la réclamation. Si le Conseil constate que l'on n'a pas respecté une disposition de l'accord régissant les marchés publics ou d'autres mesures applicables, il formule des recommandations.
>
> Source : OCDE (2016b), « Corruption in Public Procurement », www.oecd.org/gov/ethics/Corruption-in-Public-Procurement-Brochure.pdf

- En effectuant une évaluation parallèle indépendante de la passation de marchés publics pour mieux détecter la collusion, le trucage d'appel d'offres et le favoritisme au profit d'un fournisseur (voir encadré 2.40).

> ### Encadré 2.40. **Le rôle croissant de contrôle et de dédommagement du *Government Accountability Office* (GAO) aux États-Unis**
>
> Les lois et les réglementations qui régissent les contrats passés avec l'État fédéral sont conçues pour garantir une passation équitable des marchés. Il arrive que les soumissionnaires ou d'autres parties intéressées aient des raisons de penser qu'un contrat a été attribué, ou est en passe de l'être, de façon inappropriée ou illégale, ou qu'on leur a refusé injustement un contrat ou la possibilité de concourir pour l'obtenir. Le GAO (auparavant dénommé *General Accounting Office*) est une instance importante de recours pour ceux qui ont des doutes sur l'attribution d'un marché public.
>
> Une réclamation contre un appel d'offres est un processus judiciaire ; il ne s'agit pas d'un contrôle réalisé par une équipe spécialisée du GAO conformément aux normes d'audit des administrations en vigueur. En outre, à la différence des rapports d'audit du GAO, une décision de cette instance sur une réclamation relative à un appel d'offres ne porte pas sur de grands problèmes programmatiques, par exemple le fait de savoir si un programme d'armement est géré efficacement et respecte les coûts prévus ; la décision du GAO n'évalue pas non plus quelle société fait la meilleure proposition.

Encadré 2.40. **Le rôle croissant de contrôle et de dédommagement du** *Government Accountability Office* **(GAO) aux États-Unis** *(Suite)*

Le GAO a établi un ensemble de règles et de procédures normatives pour traiter les réclamations relatives aux adjudications.

Depuis plus de 80 ans (la première décision sur une réclamation relative à une adjudication a été publiée en 1926), il joue le rôle de forum objectif, indépendant et impartial dans la résolution des différends liés à l'attribution de contrats fédéraux. Au fil du temps, les décisions du Contrôleur général des États-Unis, qui préside le GAO, ont abouti à un corpus uniforme de règles applicables aux procédures de marchés publics sur lesquelles s'appuient le Congrès, les tribunaux, les agences et le public. Bien que les plaignants puissent se faire représenter par un avocat, adresser une plainte au GAO est aisé et peu coûteux, et ne nécessite pas les services d'un conseil. En outre, les différends peuvent généralement être résolus plus rapidement par la saisine du GAO que par une procédure judiciaire.

Saisir le GAO peut déclencher une suspension automatique de l'attribution ou de l'exécution d'un contrat pendant la durée de la procédure de réclamation. Cette suspension automatique ne joue que pour les réclamations auprès du GAO, d'où la popularité de cette instance auprès des plaignants. Toutefois, les agences administratives peuvent passer outre ces suspensions en arguant que des circonstances urgentes et impératives ne permettent pas d'attendre une décision du GAO, ou que l'exécution du contrat est dans l'intérêt supérieur des États-Unis.

Chronologie d'une procédure de réclamation relative à un appel d'offres

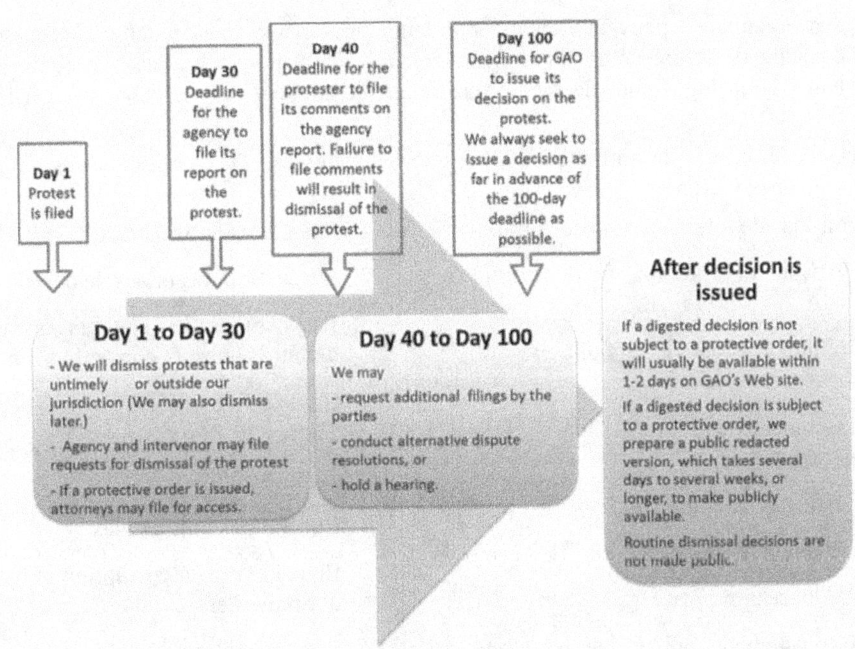

Source : United States Government Accountability Office (2009), « Bid Protests at GAO : A Descriptive Guide », Ninth Edition, GAO-09-471SP, Washington, DC www.gao.gov/assets/210/203631.pdf; www.gao.gov/legal/bids/timeline.html (consulté le 20 octobre 2015).

Q16. Des mesures sont-elles en place pour garantir l'intégrité des soumissionnaires ?

Les gouvernements pourraient exiger comme critère obligatoire de présélection de tous les soumissionnaires à un contrat qu'ils produisent une certification indépendante, ou spécifier la nécessité de se conformer à certaines normes pour pouvoir participer à la procédure d'attribution de marchés publics (voir encadrés 2.41 et 2.42).

Encadré 2.41. **La norme britannique BS 10500**

BSI est l'instance de fixation des normes en vigueur au Royaume-Uni. Elle représente ce pays à l'Organisation internationale de normalisation (ISO). L'objectif de BS 10500 est d'aider une organisation à appliquer un système efficace de lutte contre la corruption. Elle peut être utilisée à la fois au Royaume-Uni et à l'étranger. Les obligations fixées par la loi britannique et les bonnes pratiques reconnues internationalement sont prises en compte. La norme s'applique aux petites, moyennes et grandes organisations dans les secteurs public, privé et à but non lucratif.

La norme BS 10500 leur est utile de différentes façons :

- elle permet de garantir au conseil d'administration et aux actionnaires d'un organisme que les meilleures pratiques de lutte contre la corruption y sont appliquées.

- l'initiateur ou le financeur d'un projet peut demander aux entreprises, aux fournisseurs et aux consultants qui le réalisent de présenter une certification BS 10500 pour prouver qu'ils appliquent des contrôles anti-corruption.

- des organismes peuvent demander à leurs principaux sous-traitants, fournisseurs et consultants de présenter une certification BS 10500 pour démontrer la conformité de leur chaîne logistique (de même qu'ils leur demandent de présenter une certification ISO 9001, etc.).

Pour se conformer à la norme BS 10500, un organisme doit faire appliquer des obligations dans les domaines suivants :

1. Politique de lutte contre la corruption	11. Paiements de facilitation
2. Système de gestion anti-corruption (SGAC)	12. Délégation des prises de décision
3. Communication de la politique anti-corruption et du SGAC	13. Dispositions des contrats en matière de lutte contre la corruption
4. Enseignement, formation et/ou instructions	14. Contrôles financiers
5. Gestion de la conformité	15. Marchés publics et autres contrôles commerciaux
6. Évaluation des risques	16. Recueil des inquiétudes
7. Vigilance appropriée	17. Enquêtes sur la corruption et moyens d'y remédier
8. Application du SGAC par les entités qu'elle contrôle et par ses partenaires professionnels	18. Documentation du SGAC
9. Procédures en matière d'emploi	19. Suivi et réexamen du SGAC
10. Cadeaux, invitations, dons et avantages similaires,	20. Amélioration du SGAC

Source : GIACC (2012), « British Standard BS 10500 ».
www.giaccentre.org/documents/GIACC.WEBSITE.BS10500.SUMMARY.pdf.

> **Encadré 2.42. ISO 37001 : une norme pour les systèmes de lutte contre la corruption**
>
> La nouvelle norme ISO 37001 proposée pour les systèmes anti-corruption est en cours d'élaboration à l'Organisation internationale de normalisation (ISO). Plus de 80 experts, venant de 28 pays participants, de 16 pays observateurs et de 7 organisations de liaison la rédigent. On en est actuellement à la deuxième étape de l'examen en commission. La publication de la norme est envisagée à la fin de 2016.
>
> ISO 37001 est conçue pour aider une organisation à appliquer un système de lutte contre la corruption. Elle comprend une série de mesures que l'organisation devrait mettre en place pour lui permettre de prévenir la corruption, de la détecter et d'y remédier ; elle donne aussi des indications pour leur application. Cette norme a vocation à être utilisée par les petites, moyennes et grandes organisations des secteurs public, privé et à but non lucratif. Il s'agit d'un instrument flexible qui peut être adapté à la taille d'une organisation, à sa nature et aux risques de corruption auxquels elle est confrontée.
>
> La norme ISO 37001 demande à une organisation d'appliquer un ensemble de mesures de manière proportionnée et raisonnable. Il s'agit notamment d'adopter une politique de lutte contre la corruption, de demander à de hauts dirigeants de s'impliquer, de nommer une personne pour superviser le respect du dispositif anti-corruption, de proposer une formation au personnel, d'effectuer des évaluations des risques de corruption, d'exercer une vigilance appropriée à l'égard des projets et des associés de l'entreprise, de pratiquer des contrôles financiers et commerciaux ainsi que des procédures de diffusion d'informations et d'enquête.
>
> *Source :* Organisation internationale de normalisation (2015), « ISO 37001 anti-bribery management systems standard : Summary FAQ », www.iso.org/iso/iso_37001_anti-bribery_management_systems_standard_brochure.pdf.

Q17. Des mesures sont-elles en place pour prévenir le trucage d'appel d'offres, la collusion ou les accords de partage de marchés ou de futurs contrats d'investissement public ?

Les autorités pourraient traiter cette question :

- En recourant à des accords-cadres établis au moyen de procédures concurrentielles.

- En employant un système de présélection fondé sur des critères techniques, financiers et qualitatifs appropriés. La phase de présélection pourrait comprendre une vérification des antécédents judiciaires en matière de corruption.

- En utilisant une méthode de double enveloppe : on ne donne l'enveloppe contenant le prix qu'après une évaluation technique (voir encadré 2.43).

> **Encadré 2.43. Le système de double enveloppe utilisé dans la phase de soumission des offres en République slovaque**
>
> En 2013, deux amendements importants à la loi n° 25/2006 sur les marchés publics sont entrés en vigueur. Lors de la phase de soumission du cycle d'appel d'offres, la procédure à un tour a été remplacée par une procédure à deux tours avec un « système à double enveloppe ».
>
> Les offres des soumissionnaires doivent être divisées en deux parties : la partie « critères », qui contient l'offre concernant les critères d'attribution, c'est-à-dire dans la plupart des cas le prix ; la partie « autres », qui contient tous les autres documents et informations relatifs à l'offre. On ouvre d'abord l'enveloppe « autres » et c'est seulement après avoir apprécié si tous les critères de sélection (concernant par exemple les équipements techniques) sont satisfaits que l'on peut ouvrir et évaluer la partie « critères » de toutes les offres. Généralement, une procédure à deux tours peut garantir que le prix n'influence pas l'évaluation technique de l'offre.
>
> *Source :* Schoenherr (2013b), « Slovakia : Substantial changes in public procurement-Every detail counts », www.schoenherr.eu/knowledge/knowledge-detail/slovakia-substantial-changes-in-public-procurement-every-detail-coun s/.

Q18. *Des mesures sont-elles en place pour garantir que des procédures non concurrentielles ne sont pas utilisées sans justification valable ?*

Les autorités pourraient traiter cette question :

- En définissant clairement et en communiquant les obligations juridiques régissant l'utilisation d'une procédure non concurrentielle.

- En s'assurant que toutes les justifications sont présentées correctement et en les publiant.

- En veillant à ce que ce type de décision ne soit pas le fait d'une seule personne (par exemple application du principe du double regard) (voir encadré 2.44).

> **Encadré 2.44. Le principe du double regard : le projet de pont Tappan Zeed dans l'État de New York**
>
> Le principe du double regard dispose que deux personnes doivent étudier et approuver une action pour qu'elle puisse être entreprise. À l'occasion de la construction du pont Tappan Zee dans l'État de New York, plusieurs équipes ont été formées afin de garantir le respect de ce principe et l'équité du processus de sélection pendant la phase d'attribution du marché :
>
> - Une équipe de gestion des marchés publics, composée de fonctionnaires et de salariés du secteur privé, chargée de diriger l'ensemble du processus d'évaluation et de sélection.
>
> - Une équipe juridique, composée de spécialistes travaillant dans les secteurs public et privé, ayant pour mission d'effectuer une analyse d'acceptabilité juridique des différents aspects des propositions et de guider l'ensemble du processus d'attribution du marché.
>
> - Une équipe financière, chargée de réaliser une étude de faisabilité financière et une analyse de la valeur actuelle nette des propositions de prix.
>
> - Une équipe chargée de se prononcer sur le caractère raisonnable des prix, laquelle a examiné chacune des propositions de prix et formulé des recommandations au comité de sélection (BRSC).

Encadré 2.44. **Le principe du double regard : le projet de pont Tappan Zeed dans l'État de New York** *(Suite)*

- Des équipes d'évaluation technique pour juger les forces et les faiblesses techniques de chaque proposition.

- Une équipe d'évaluation générale, composée d'ingénieurs et d'autres professionnels provenant des secteurs public et privé, chargée de rassembler toutes les informations disponibles sur chaque soumissionnaire et, lorsque c'était possible, de les utiliser pour chiffrer les forces et les faiblesses techniques de chaque proposition.

- Un comité de sélection, composé de spécialistes réputés, pour faire des recommandations non contraignantes aux responsables de la sélection. Une équipe dédiée à la conception esthétique du pont, composée d'artistes et d'architectes, afin d'étudier les propositions sur ce plan et de contribuer au processus d'évaluation.

- Un groupe de responsables de la sélection, composé de membres de la commission des grands projets et de l'autorité responsable des voies rapides (NYSTA), chargé de se prononcer sur le choix et les conclusions du BRSC. C'est à la totalité du conseil d'administration de la NYSTA qu'est revenu le choix final de l'attribution du contrat.

Source : Thacher Associates (2013), « Tappan Zee Hudson River Crossing Project ; Report of the Independent Procurement Integrity Monitor », www.newnybridge.com/documents/int-monitor-report.pdf.

5. Phase d'exécution et de gestion du contrat

Q19. *Des mesures sont-elles en place pour garantir que les factures relatives aux coûts des matériaux, aux heures de travail et aux qualifications du personnel ne sont pas falsifiées ?*

Les autorités pourraient traiter cette question :

- En publiant, par l'intermédiaire de médias et d'associations, l'estimation du coût du projet et la charge finale pour le contribuable.

- En s'assurant que les bénéfices et les coûts de main-d'œuvre sont présentés distinctement des prix des matériaux et des équipements.

- En étendant les systèmes de passation des marchés publics en ligne à la phase de gestion du contrat, et en publiant les informations pertinentes sur des portails dédiés, notamment celles sur les modifications de prix et les motifs des dépassements (voir encadré 2.45).

Encadré 2.45. **Le système intégré coréen de passation des marchés publics en ligne (KONEPS)**

En Corée, l'application depuis le début des années 2000 d'un système national de passation des marchés publics en ligne constitue un progrès important de la transparence dans ce domaine.

En 2002, le service chargé des marchés publics (PPS), agence centrale compétente en la matière, a mis en place un système en ligne entièrement intégré du début du processus jusqu'à sa fin, appelé KONEPS. Il gère électroniquement l'ensemble du cycle de passation des marchés publics (enregistrement unique, appels d'offres, contrats, contrôle et paiement) et les documents correspondants sont échangés en ligne. KONEPS est relié à 140 systèmes externes qui permettent de partager et de retrouver toutes informations nécessaires et offrent un guichet unique regroupant notamment le recueil automatique de données sur les compétences des soumissionnaires, les renseignements relatifs à la livraison, ainsi que la facturation et le paiement en ligne. En outre, il donne des informations en temps réel.

Tous les organismes publics doivent publier leurs appels d'offres en passant par KONEPS. En 2012, 62,7 % des marchés publics du pays (106 milliards USD) ont été réalisés à l'aide de KONEPS. Au sein de ce système, 45 000 entités publiques interagissent avec 244 000 fournisseurs répertoriés. Selon PPS, il a amélioré l'efficience de la passation des marchés publics et permis de réduire sensiblement le coût des opérations. En outre, il a entraîné une augmentation du nombre de participants aux appels d'offres publics et grandement amélioré la transparence, ce qui a permis d'éliminer la corruption et de prévenir les pratiques frauduleuses et de collusion. Ainsi, la commission coréenne pour le commerce équitable utilise sur KONEPS le système national BRIAS qui assure la détection automatique des stratégies suspectes dans les appels d'offres. Selon l'évaluation de l'intégrité réalisée par la commission coréenne de lutte contre la corruption et des droits civiques, l'indice de perception de l'intégrité établi par PPS est passé de 6,8 à 8,52 (10 étant le meilleur score) depuis le lancement de KONEPS.

L'emprunt de certificats en ligne constituait un grand motif d'inquiétude à l'égard de pratiques frauduleuses. Afin d'atténuer ce risque, le service chargé des marchés publics a institué en 2010 « les appels d'offres en ligne avec reconnaissance digitale ». Grâce à ce système de sécurité biométrique, chaque utilisateur ne peut faire une offre que pour une seule entreprise. Les informations figurent seulement dans le dossier du fournisseur concerné, ce qui évite toute controverse relative au stockage par les administrations de renseignements biométriques personnels. En juillet 2010, ce système était appliqué à tous les appels d'offres effectués à l'aide de KONEPS par les collectivités locales et les autres organismes publics qui passent des marchés portant sur des biens, des services et des projets de construction. En 2011, PPS a lancé un nouveau service d'appel d'offres qui permet au processus de se dérouler par *smartphone* avec de nouveaux mécanismes et applications de sécurité.

Source : OCDE (2013b), *Application des principes de l'OCDE en matière d'intégrité dans les marchés publics : progrès depuis 2008*, Éditions OCDE, Paris, http://dx.doi.org/10.1787/9789264201385-en.

Q20. *Des mesures sont-elles en place pour garantir que la corruption ne retarde pas l'investissement public ?*

Les autorités pourraient traiter cette question :

- En concevant un site internet qui surveille en temps réel l'état d'avancement d'un investissement public et en le comparant aux estimations de coût et de durée.

- En donnant aux citoyens des instruments leur permettant d'exercer une supervision publique de l'investissement public (encadré 2.46)

Encadré 2.46. **La supervision publique des infrastructures en Colombie**

« Rouler sur la route »

« Rouler sur la route » (*Rodando la Vía*) est une initiative du secrétariat d'État à la Transparence qui a pour but d'améliorer la supervision publique des projets d'infrastructures routières. Elle a vu le jour après la signature en mai 2015 du Pacte pour la transparence du secteur des infrastructures (*Pactopor la Transparencia del Sector de Infraestructura*) par plusieurs entités administratives nationales et 70 collectivités locales.

Dans le cadre de cette initiative, les inspecteurs de ces projets doivent diffuser sur internet des vidéos des travaux en cours, du début jusqu'à l'achèvement de la construction d'une route. Cet instrument permet aux citoyens de suivre l'avancement des projets d'infrastructures publiques et de formuler des réclamations s'ils remarquent une mauvaise utilisation des ressources. Les vidéos diffusées pendant la première phase de l'initiative (de juillet à décembre 2015) portaient sur près de 263 miles de projets d'infrastructures routières répartis dans sept régions colombiennes (*departamentos*).

On peut trouver un exemple des vidéos susmentionnées à l'adresse : www.youtube.com/watch?v=gPk1-cSdoTk&list=PLilxNbN_Bml0nDmsHbAdwAFt-ErzSoCTW&index=3.

Les « éléphants blancs »

En 2014, le secrétariat d'État à la Transparence a lancé l'application « Éléphants blancs », qui permet aux citoyens de signaler tout projet d'infrastructure inachevé. Avec cette application, n'importe qui peut prendre des photos d'un projet de cette nature avec un *smartphone* et indiquer son emplacement. Les informations sont recueillies par le secrétariat d'État à la Transparence, qui apprécie chaque cas et lance au besoin des poursuites judiciaires pour récupérer les actifs et sanctionner les responsables.

Source : Secrétariat d'État à la Transparence, Colombie.

- En formant des contrôleurs issus d'associations, chargés d'observer la progression et la qualité d'un projet (voir encadré 2.47).

Encadré 2.47. **Le suivi en ligne des travaux publics au Mexique et au Chili**

Au Mexique, les fonctionnaires de l'Institut de la sécurité sociale et des services sociaux ont créé un portail sur les marchés de travaux publics. Il s'agit d'un nouveau modèle de contrôle et d'audit conçu par l'unité de contrôle et de supervision à distance des travaux publics (COSODI). La COSODI effectue des analyses et des évaluations internes, tout en mettant au point des instruments de suivi applicables à l'ensemble du cycle des marchés publics (de la programmation à l'exécution), afin de garantir le bon déroulement des travaux et de déceler les risques de fraude et de corruption. Le portail apporte des informations exactes, en temps réel, sur l'attribution d'un marché public, ce qui donne la possibilité à la société de suivre les progrès effectués. Le site internet contient des renseignements sur le type de contrat conclu, la période durant laquelle il doit être exécuté, le lieu de construction ainsi que sur l'avancement des travaux et les paiements effectués. Il fournit aussi des données comparatives sur le montant total des travaux contractés par l'État.

> ### Encadré 2.47. **Le suivi en ligne des travaux publics au Mexique et au Chili** *(Suite)*
>
> L'institution supérieure de contrôle des finances publiques du Chili, le Contrôleur Général de la République du Chili (Contraloría General de la República, CGR), est reconnu par la Constitution comme étant un organisme autonome du gouvernement. L'investissement dans l'infrastructure est une catégorie principale de la fonction d'audit ex post du CGR, qui se concentre sur les activités techniques et administratives des entités du secteur public chargées de travaux publics, sur la cohérence des processus de passation des marchés publics, sur la proportionnalité et la justification de tout changement aux objectifs initiaux et à la conformité réglementaire et juridique de l'entité.]
>
> En Décembre 2014, le CGR a lancé le portail GEO-CGR qui stocke et permet la publication, l'articulation et la consultation d'informations géo-référencées sur l'investissement de ressources dans les travaux publics. Le but est de promouvoir le contrôle social en fournissant aux citoyens et aux autres utilisateurs les outils pour surveiller de façon fiable et en temps opportun, et de classer les informations par territoire. Les utilisateurs peuvent déposer des plaintes et faire des suggestions sur le contrôle, ce qui rend la participation des citoyens plus facile et plus active pour assurer un contrôle du secteur public.
>
> *Sources :* OCDE (2013a), *Public Procurement Review of the Mexican Institute of Social Security : Enhancing Efficiency and Integrity for Better Health Care*, Examens de l'OCDE sur la gouvernance publique, Éditions OCDE, Paris, http://dx.doi.org/10.1787/9789264197480-en ; OCDE (2016c), Progress in Chile's Supreme Audit Institution: Reforms, Outreach and Impact, Éditions OCDE, Paris, http://dx.doi.org/10.1787/9789264250635-en

6. Phase d'évaluation et d'audit

L'évaluation et le contrôle des projets d'investissements publics sont importants du fait de leur rôle dans la réalisation des objectifs gouvernementaux. À cet égard, la phase d'évaluation et d'audit d'un projet peut aussi être l'occasion d'apprécier partiellement si un gouvernement a atteint ses objectifs.

Compte tenu de l'importance de la fonction de contrôle de l'intégrité au cours du cycle d'un projet d'investissement, l'indépendance opérationnelle est essentielle, de la nomination d'un responsable institutionnel jusqu'à l'application des codes de conduite à tous les niveaux. En tant qu'entités autonomes, les organes d'audit doivent aussi être protégés d'influences externes inappropriées et dotés des ressources nécessaires à l'exercice de leur mission.

Pendant ce processus, la responsabilité des auditeurs est grande et ne se fier qu'à leur discrétion risque de s'avérer insuffisant dans certaines situations. On peut renforcer leur responsabilité au moyen d'un cadre juridique axé sur leur probité. En complément de ce cadre, il faudrait aussi mettre en place des réglementations et des sanctions à l'encontre des personnes qui pourraient tenter d'exercer une influence inappropriée sur les auditeurs. Les questions et réponses suivantes peuvent servir de guide pour prévenir la corruption lors de cette phase.

Q21. ***Des mesures sont-elles en place pour garantir que les entités (publiques ou privées) disposent d'un système efficace de contrôle interne et de communication financière permettant de faire apparaître des irrégularités ?***

Les autorités pourraient traiter cette question :

- En mettant en œuvre le cadre de contrôle interne du *Committee of Sponsoring Organizations of the Treadway Commission* (COSO) (mise en place d'un environnement de contrôle, évaluation adéquate des risques, mise en place d'activités de contrôle, clarté de l'information et de la communication dans toute l'entité, suivi de l'efficacité et de l'adéquation des mécanismes de contrôle). Quelques obligations ressortent :

    o application appropriée de solides procédures d'évaluation des risques (par exemple les évaluations intégrées du risque financier) ;

    o existence d'une procédure claire pour traiter les risques imprévus et de mécanismes permettant aux contrôleurs d'être conseillés et aidés ;

    o fixation par le gestionnaire d'une entité d'un niveau approprié de tolérance au risque qui soit communiqué clairement à l'audit interne et au personnel de cette entité (voir encadré 2.48).

- En veillant à ce que les opérations financières soient recensées et comptabilisées correctement (c'est-à-dire pas de dépenses « hors bilan » ni de « comptes non identifiés »).

- En surveillant les paiements en liquide ou en nature.

- En veillant à ce que les informations soient conservées pendant une durée suffisante et non détruites prématurément (cf. OCDE, ONUDC, Banque mondiale, 2013).

- En recoupant les informations relatives aux dépenses publiques afin de déceler des irrégularités dans et entre les secteurs (voir encadré 2.49).

Encadré 2.48. **Normes internationales de contrôle et d'audit interne :
le cadre de la COSO**

Selon la norme sectorielle internationale sur le contrôle interne, conçue par le *Committee of Sponsoring Organizations of the Treadway Commission* (COSO), un contrôle interne efficace s'appuie sur les éléments suivants : contexte du contrôle, évaluation des risques, activités de contrôle, informations et leur communication, activités de suivi. Tous sont essentiels et, pour qu'un système de contrôle interne soit efficace, doivent pouvoir opérer conjointement sans heurts.

Composante	Principes
1. Cadre de contrôle • Organisé par les dirigeants • Ensemble de normes, de procédures et de structures • Reflète l'intégrité et l'éthique de l'organisation • Permet la supervision par les dirigeants • Procédures garantissant que la main-d'œuvre est compétente • Mesures de performance, incitations et récompenses	1. Démontrer un engagement en faveur de l'intégrité et de l'éthique 2. Exercer la responsabilité de la supervision 3. Établir une structure, une autorité et une responsabilité 4. Démontrer l'engagement en faveur de la compétence 5. Rendre la responsabilité effective
2. Évaluation des risques • Processus dynamique et itératif • Établit la tolérance aux risques en fonction d'objectifs organisationnels clairs	6. Fixer des objectifs appropriés 7. Recenser et analyser les risques 8. Évaluer les risques de fraude 9. Recenser et analyser les changements significatifs
3. Activités de contrôle • Exercées à tous les niveaux d'une entité • Peuvent être axées sur la prévention ou la détection	10. Sélectionner et appliquer des contrôles 11. Sélectionner et appliquer des contrôles généraux sur la technologie 12. Les exercer au moyen de politiques et de procédures
4. Informations et leur communication • Utiliser des informations de qualité et pertinentes pour exercer les responsabilités de contrôle interne • Processus continu et itératif pour donner, partager et obtenir les informations nécessaires	13. Utiliser des informations appropriées 14. Les communiquer en interne 15. Les communiquer à l'extérieur
5. Activités de suivi • Leur portée et leur fréquence dépendent en partie de l'évaluation des risques et de considérations de gestion	16. Réaliser des évaluations permanentes et/ou distinctes 17. Évaluer les déficiences et les signaler

Sources : adapté de COSO (2013), « COSO's Internal Control – Integrated Framework, Executive Summary », mai, www.coso.org/documents/990025P_Executive_Summary_final_may20_e.pdf ; COSO (2012), « An Update of COSO's Internal Control – Integrated Framework », mai, www.coso.org/documents/cosoicifoutreachdeck_05 %2018 %2012.pdf.

Encadré 2.49. **L'Observatoire brésilien des dépenses publiques**

En 2008, l'Office du contrôleur général de l'Union a lancé l'Observatoire des dépenses publiques (*Observatório da Despesa Pública*) pour détecter et sanctionner en permanence les conduites répréhensibles et la corruption. Les dépenses liées aux marchés publics sont recoupées avec celles d'autres bases de données administratives afin de faire ressortir des situations atypiques qui, bien que ne prouvant pas *a priori* l'existence d'irrégularités, justifient un examen supplémentaire.

En s'appuyant sur l'expérience acquise ces dernières années, on rapproche quotidiennement les données relatives aux marchés publics d'autres données. Cet exercice, qui fait apparaître des drapeaux « orange » ou « rouges », peut être suivi d'une enquête diligentée par les fonctionnaires de l'Office du contrôleur général de l'Union. Dans de nombreux cas, le suivi s'effectue en collaboration avec des conseillers spécialisés dans le contrôle et l'audit interne des organismes publics.

On trouve aussi dans les contrats de marchés publics et administratifs des exemples de conflits d'intérêts ainsi que d'utilisation inappropriée d'exemptions, de dispenses et d'amendements substantiels aux contrats. Le travail de suivi révèle des tendances suspectes à la rotation dans les appels d'offres et au partage de marchés entre concurrents par secteur, zone géographique ou période, signe d'une éventuelle collusion entre les soumissionnaires.

Enfin, il existe un suivi de l'utilisation des cartes de paiement de l'État fédéral et des accords administratifs (*convenios*). En 2013, il y a eu 60 000 avertissements consécutifs au contrôle assisté par ordinateur exercé par l'Office du contrôleur général de l'Union pour recenser de possibles irrégularités dans les marchés publics, concernant par exemple :

- l'existence de relations professionnelles entre des soumissionnaires participant à une même procédure de passation de marché
- le fractionnement de contrats afin de profiter d'exemptions aux modalités de passation de marchés par voie concurrentielle
- le non-respect par des fournisseurs des délais de dépôt des candidatures aux appels d'offres
- l'enregistrement d'offres pendant des jours non ouvrés
- une même adresse pour des candidatures de fournisseurs à un appel d'offres ou pour plusieurs dossiers de sociétés
- un montant de contrat supérieur au plafond légalement fixé pour la catégorie d'appels d'offres utilisée
- des amendements à un contrat moins d'un mois après son attribution en violation des modalités spécifiques d'un appel d'offres
- l'existence de preuves d'une rotation des soumissionnaires dans des procédures de passation de marchés
- l'utilisation d'enchères inversées pour des services d'ingénierie
- la détention par des microentreprises et petites entreprises de participations dans d'autres microentreprises et petites entreprises

- l'existence de relations personnelles entre des fournisseurs et des agents publics chargés des marchés
- l'utilisation d'une dispense d'enchérir en présence de plusieurs fournisseurs « exclusifs »
- la réception d'une candidature avant la publication de l'avis de passation de marché
- la possibilité d'une concurrence dans les exemptions
- la participation de fournisseurs nouvellement établis à des procédures de passation de marchés
- des amendements à un contrat supérieurs à la limite fixée en violation des modalités spécifiques d'un appel d'offres
- la formulation d'engagements avant la date initiale de dépôt retenue dans le système d'enregistrement des engagements
- la participation à des procédures d'adjudication de fournisseurs figurant dans le registre des crédits impayés au secteur public fédéral (*Cadastro Informativo de Créditos Não Quitados do Setor Público Federal*).*
- liens de microentreprises et petites entreprises avec d'autres entreprises
- microentreprises et petites entreprises générant des bénéfices supérieurs à respectivement 0.24 million BRL ou 2.40 millions BRL.

Source : OCDE (2012a), *OECD Integrity Review of Brazil : Managing Risks for a Cleaner Public Service*, Examens de l'OCDE sur la gouvernance publique, Éditions OCDE, http://dx.doi.org/10.1787/9789264119321-en.

Q22. Des mesures sont-elles en place pour garantir l'indépendance de l'organisme de contrôle comptable ou des commissaires aux comptes ?

Les autorités pourraient traiter cette question :

- En soumettant les commissaires aux comptes à un code de conduite spécifique régissant leurs contacts avec les entreprises (voir encadré 2.50).

Encadré 2.50. **Le code de déontologie de l'Organisation internationale des institutions supérieures de contrôle des finances publiques**

L'Organisation internationale des institutions supérieures de contrôle des finances publiques (INTOSAI) a établi un code de déontologie à l'intention des contrôleurs du secteur public. L'indépendance, les mandats et les responsabilités exigent un code de déontologie strict concernant leur conduite quotidienne, qui doit être irréprochable en toutes circonstances. Le code d'éthique porte sur cinq domaines principaux :

1. Confiance, assurance et crédibilité

La conduite des contrôleurs du secteur public doit être irréprochable et digne de la confiance des parties prenantes, lesquelles doivent avoir l'assurance de l'équité, de l'impartialité, de la fiabilité et de la qualité du travail des contrôleurs.

2. Intégrité

Les contrôleurs du secteur public sont tenus d'adhérer à des normes strictes de conduite dans l'exercice de leurs fonctions et dans leurs relations avec le personnel des organismes contrôlés. L'intégrité exige qu'ils respectent les principes d'indépendance et d'objectivité et prennent leurs décisions dans l'intérêt public.

3. Indépendance, objectivité et impartialité

Les contrôleurs doivent rester indépendants à l'égard de l'organisme contrôlé et des autres groupes d'intérêts ; ils ne doivent pas subir d'influences politiques ou émanant d'intérêts personnels. Il leur faut se concentrer sur les questions qu'ils examinent et formuler des conclusions exclusivement fondées sur les preuves obtenues, recueillies conformément aux normes de contrôle de leur entité.

4. Secret professionnel

Les contrôleurs du secteur public ne doivent pas divulguer, oralement ou par écrit, à des tiers les informations obtenues au cours du cycle de contrôle qui ne relèvent pas de leur responsabilité légale ou réglementaire dans le cadre des procédures normales.

5. Compétence

Les contrôleurs ont l'obligation de se comporter de manière professionnelle dans l'exercice de leurs fonctions et ne doivent pas effectuer des activités pour lesquelles ils ne sont pas compétents. Cela correspond à leur mission bien comprise : ils doivent appliquer les normes, les politiques et les procédures de contrôle, de comptabilité et de gestion financière ainsi que les principes et les normes constitutionnels, juridiques et institutionnels en vigueur.

Source : INTOSAI (s.d.), « Code de déontologie, normes internationales des Institutions supérieures de contrôle des finances publiques(ISSAI 30) ».

- En excluant les organismes d'audit des futurs investissements publics s'ils sont convaincus d'actes répréhensibles (par exemple d'avoir reçu des pots-de-vin ou donné de fausses informations dans leurs rapports).

- En créant des organes de supervision spécialisés appliquant des procédures strictes de contrôle des coûts et de suivi de la réalisation des projets, afin de s'assurer qu'ils sont exécutés dans les délais et dans les limites du budget.

- En effectuant un contrôle des contrôleurs – par exemple, l'audit interne est supervisé par un audit externe qui l'est à son tour par un autre organe externe objectif.

Q23. Les fonctions d'audit ont-elles les moyens et les ressources appropriés pour effectuer en temps utile des contrôles fiables et être à l'abri de manipulations ?

Les autorités pourraient intervenir utilement :

- En s'assurant que les fonctions d'audit sont dotées de ressources adéquates.

- En établissant des systèmes et des bases de données au moyen desquels les auditeurs pourraient trouver des informations fiables sur les travaux publics en cours.

- En promouvant les compétences techniques permettant l'utilisation de technologies innovantes qui améliorent la fiabilité des contrôles et des données.

Bibliographie

APEC (Coopération économique Asie-Pacifique) (s.d.), « Anti-corruption Code of Conduct for Business », www.apec.org/Groups/SOM-Steering-Committee-on-Economic-and-Technical-Cooperation/Task-Groups/~/media/Files/Groups/ACT/07_act_codebrochure.ashx (consulté le 20 octobre 2015).

Banque mondiale (2015), « Participatory budgeting in Brazil », *Empowerment Case Studies*, http://siteresources.worldbank.org/INTEMPOWERMENT/Resources/14657_Partic-Budg-Brazil-web.pdf..

Butcher, L. (2014), « Aviation ; London Heathrow Airport », *Commons Briefing Papers,* SN01136, http://researchbriefings.parliament.uk/ResearchBriefing/Summary/SN01136.

Central Vigilance Commission (2010), « Draft national anti-corruption strategy », http://cvc.nic.in/NationalAntiCorruptionStrategydraft.pdf

Commerzbank AG (s.d.), « The Business Conduct Guidelines of Commerzbank AG »,www.commerzbank.de/en/nachhaltigkeit/governance/governance_1.html.

Commission européenne (s.d.), « Registre de transparence », http://ec.europa.eu/transparencyregister/public/homePage.do ?locale=fr.

COSO (2013), « COSO's Internal Control – Integrated Framework, Executive Summary », mai, www.coso.org/documents/990025P_Executive_Summary_final_may20_e.pdf.

COSO (2012), « An Update of COSO's Internal Control – Integrated Framework », mai, www.coso.org/documents/cosoicifoutreachdeck_05 %2018 %2012.pdf.

CoST (Construction Sector Transparency Initiative) (2013), « Establishing a multi-stakeholder group and national secretariat », www.constructiontransparency.org/documentdownload.axd?documentresourceid=29.

Flyvbjerg, B., M. Garbuio et D. Lovallo (2009), « Delusion and deception in large infrastructure projects : Two models for explaining and preventing executive disaster » . *California Management Review*, vol. 51, n° 2.

GIACC (2012), « British Standard BS 10500 », www.giaccentre.org/documents/GIACC.WEBSITE.BS10500.SUMMARY.pdf.

GIACC (Global Infrastructure Anti-Corruption Centre) (2008a), « Examples of corruption in infrastructure », www.giaccentre.org/documents/GIACC.CORRUPTIONEXAMPLES.pdf.

GIACC (2008b), « Transparency, Clause 6 », www.giaccentre.org/documents/GIACC.PACSPS2Transparency_Nov08_.Table2.pdf.

Government of South Australia (2013), « Code of Practice for the South Australian Construction Industry », Department of Planning, Transport and Infrastructure, www.infrastructure.sa.gov.au/BuildingManagement/policies.

Government of South Australia (s.d.), « DPTI Procurement Practices and Policies », www.dpti.sa.gov.au/open_government/proactive_disclosure/details_of_procurement_practices_within_departments.

Government of the Republic of the Philippines (2014), « Procurement of Infrastructure Projects : BICOL International Airport Development Project », www.dotc.gov.ph/images/Public_Bidding/CivilWorks/Air_Sector/2014/NewLegazpi Apt--BIADP_P2a/BidDocs_BIADP_Pkg2A_Clean_WithEdits_SGD.pdf.

INTOSAI (Organisation internationale des institutions supérieures de contrôle des finances publiques) (s.d.), « Code de déontologie, normes internationales des Institutions Supérieures de Contrôle des Finances Publique(ISSAI 30) » .

ISO (Organisation internationale de normalisation) (2015), « ISO 37001 anti-bribery management systems standard : Summary FAQ »,www.iso.org/iso/iso_37001_anti-bribery_management_systems_standard_brochure.pdf.

Ministère indien des Finances (s.d.), « Vadodara Halol Toll Road », http://toolkit.pppinindia.com/ports/module3-rocs-vhtr5.php?links=vhtr5 (consulté le 20 octobre 2015).

New Zealand State Services Commission (2007), « Standards of Integrity and Conduct », www.ssc.govt.nz/sites/all/files/Code-of-conduct-StateServices.pdf.

OCDE (2016a), Financing Democracy : Policy Capture, Funding of Political Practices and Election Campaigns - Building Trust in Public Institutions, Éditions OCDE, Paris. http://dx.doi.org/10.1787/9789264249455-en.

OCDE (2016b), Corruption in Public Procurement, Paris. www.oecd.org/gov/ethics/Corruption-in-Public-Procurement-Brochure.pdf

OCDE (2016c), Progress in Chile's Supreme Audit Institution: Reforms, Outreach and Impact, Éditions OCDE, Paris,. http://dx.doi.org/10.1787/9789264250635-en

OCDE (2016d), « The governance of public infrastructure – Towards a whole-of-government perspective », internal working paper.

OCDE (2015a), « Recommandation du Conseil sur les marchés publics », www.oecd.org/fr/gov/ethique/Recommandation-OCDE-sur-les-marches-publics.pdf

OCDE (2015b), « Implementation toolkit : Effective public investment across levels of government », www.oecd.org/effective-public-investment-toolkit/public-investment.htm.

OCDE (2015c), Lignes directrices pour l'investissement dans une infrastructure énergétique propre : Faciliter l'accès aux énergies propres en faveur du développement et de la croissance verte, Éditions OCDE, Paris, http://dx.doi.org/10.1787/9789264212688-fr.

OCDE (2015d), Cadre d'action pour l'investissement, Éditions OCDE, Paris. http://dx.doi.org/10.1787/9789264235441-fr.

OCDE (2014a), *Rapport de l'OCDE sur la corruption transnationale-Une analyse de l'infraction de corruption d'agents publics étrangers*, Éditions OCDE, Paris, http://dx.doi.org/10.1787/9789264226623-fr .

OCDE (2014b), « Toolkit on effective public investment across levels of government – Australia », www.oecd.org/effective-public-investment-toolkit/australia.pdf

OCDE (2014c), *Lobbyists, Governments and Public Trust, Volume 3 : Implementing the OECD Principles for Transparency and Integrity in Lobbying*, Éditions OCDE, Paris, http://dx.doi.org/10.1787/9789264214224-en.

OCDE (2014d), « Recommandation du Conseil sur l'investissement public efficace entre niveaux de gouvernement », www.oecd.org/fr/regional/politique-regionale/Principes-investissement-public.pdf

OCDE (2014e), *La gouvernance des régulateurs*, Éditions OCDE, Paris. http://dx.doi.org/10.1787/9789264222649-fr

OCDE (2013a), *Public Procurement Review of the Mexican Institute of Social Security : Enhancing Efficiency and Integrity for Better Health Care*, Examens de l'OCDE sur la gouvernance publique, Éditions OCDE, Paris, http://dx.doi.org/10.1787/9789264197480-en.

OCDE (2013b), *Application des principes de l'OCDE en matière d'intégrité dans les marchés publics : progrès depuis 2008*, Éditions OCDE, Paris, http://dx.doi.org/10.1787/9789264201385-en

OCDE (2013c), *Investir ensemble : Vers une gouvernance multi-niveaux plus efficace*, Éditions OCDE, Paris, http://dx.doi.org/10.1787/9789264200609-fr.

OCDE (2012a), *OECD Integrity Review of Brazil : Managing Risks for a Cleaner Public Service*, Examens de l'OCDE sur la gouvernance publique, Éditions OCDE, http://dx.doi.org/10.1787/9789264119321-en.

OCDE (2012b), « Recommandation sur les Principes applicables à la gouvernance publique des partenariats public-privé » .

OCDE (2010), Transparence et responsabilité : Guide pour l'État actionnaire, www.oecd-ilibrary.org/governance/transparence-et-responsabilite-guide-pour-l-etat-actionnaire_9789264056664-fr.

OCDE (2008), Corruption : glossaire des normes pénales internationales.

OCDE (2007a), *L'intégrité dans les marchés publics : les bonnes pratiques de A à Z*, www.oecd.org/development/effectiveness/38588964.pdf , pp. 79-80.

OCDE (2007b), « Principes de l'OCDE pour la participation du secteur privé aux Infrastructures », www.oecd.org/daf/inv/investment-policy/38309896.pdf.

OCDE (2006), Cadre d'action pour l'investissement : Panorama des bonnes pratiques, Éditions OCDE, Paris, www.oecd-ilibrary.org/content/book/9789264025899-fr.

OCDE (2004), Cadre pour la transparence de la politique d'investissement, www.oecd-ilibrary.org/finance-and-investment/perspectives-de-l-investissement-international-2004/cadre-pour-la-transparence-de-la-politique-d-investissement_iip-2004-7-fr.

OCDE (2003a), « Framework for Investment Policy Transparency », www.oecd.org/investment/investment-policy/16793978.pdf.

OCDE (2003b), « Checklist for Foreign Direct Investment Incentive Policies », www.oecd.org/investbment/investment-policy/2506900.pdf.

OCDE (1997), Convention sur la lutte contre la corruption d'agents publics étrangers dans les transactions commerciales internationales, www.oecd.org/fr/daf/anti-corruption/conventionsurlaluttecontrelacorruptiondagentspublicsetrangersdanslestransactionscommercialesinternationales.htm.

OCDE, ONUDC et Banque mondiale (2013), *Anti-Corruption Ethics and Compliance Handbook for Business*, www.oecd.org/corruption/Anti-CorruptionEthicsCompliance Handbook.pdf

PNUD (s.d.), « UNDP/CIPS Cooperation on Procurement Training and Certification », www.undp.org/content/undp/en/home/operations/procurement/procurement_training.html (consulté le 20 octobre 2015).

PPPIRC (2014), *Main Financing Mechanisms for Infrastructure Projects*, http://ppp.worldbank.org/public-private-partnership/financing/mechanisms.

Schoenherr (2013b), « Slovakia : Substantial changes in public procurement - Every detail counts », www.schoenherr.eu/knowledge/knowledge-detail/slovakia-substantial-changes-in-public-procurement-every-detail-counts/.

Shoneherr (2013a), « Austria : Whistleblower hotline is launched online », www.schoenherr.eu/knowledge/knowledge-detail/austria-whistleblower-hotline-is-launched-online/

Thacher Associates (2013), « Tappan Zee Hudson River Crossing Project ; Report of the Independent Procurement Integrity Monitor », www.newnybridge.com/documents/int-monitor-report.pdf.

Transparency International (2014), *Curbing Corruption in Public Procurement : A Practical Guide*, www.transparency.org/whatwedo/publication/curbing_corruption_in_public_procurement_a_practical_guide.

Transparency International (2013), « Whistleblowing in Europe », www.transparency.de/fileadmin/pdfs/Themen/Hinweisgebersysteme/EU_Whistleblower_Report_final_web.pdf, p. 25.

Travaux publics et Services gouvernementaux du Canada (2014), « Contexte et but du Code », www.tpsgc-pwgsc.gc.ca/app-acq/cndt-cndct/contexte-context-fra.html.

Travaux publics et services gouvernementaux du Canada (2015), « Le régime d'intégrité du gouvernement du Canada », www.tpsgc-pwgsc.gc.ca/ci-if/ci-if-fra.html.

UNESCO (2015), « The experience of the participative budget in Porto Alegre, Brazil », www.unesco.org/most/southa13.htm.

United States Government Accountability Office (2009), « Bid Protests at GAO : A Descriptive Guide », Ninth Edition, GAO-09-471SP, Washington, DC, www.gao.gov/assets/210/203631.pdf.

WEF (Forum économique mondial) (2015), *Mitigating Political and Regulatory Risk for Successful Infrastructure Projects*, http://www3.weforum.org/maintenance/public.htm.

ORGANISATION DE COOPÉRATION ET DE DÉVELOPPEMENT ÉCONOMIQUES

L'OCDE est un forum unique en son genre où les gouvernements oeuvrent ensemble pour relever les défis économiques, sociaux et environnementaux que pose la mondialisation. L'OCDE est aussi à l'avant-garde des efforts entrepris pour comprendre les évolutions du monde actuel et les préoccupations qu'elles font naître. Elle aide les gouvernements à faire face à des situations nouvelles en examinant des thèmes tels que le gouvernement d'entreprise, l'économie de l'information et les défis posés par le vieillissement de la population. L'Organisation offre aux gouvernements un cadre leur permettant de comparer leurs expériences en matière de politiques, de chercher des réponses à des problèmes communs, d'identifier les bonnes pratiques et de travailler à la coordination des politiques nationales et internationales.

Les pays membres de l'OCDE sont : l'Allemagne, l'Australie, l'Autriche, la Belgique, le Canada, le Chili, la Corée, le Danemark, l'Espagne, l'Estonie, les États-Unis, la Finlande, la France, la Grèce, la Hongrie, l'Irlande, l'Islande, Israël, l'Italie, le Japon, la Lettonie, le Luxembourg, le Mexique, la Norvège, la Nouvelle-Zélande, les Pays-Bas, la Pologne, le Portugal, la République slovaque, la République tchèque, le Royaume-Uni, la Slovénie, la Suède, la Suisse et la Turquie. La Commission européenne participe aux travaux de l'OCDE.

Les Éditions OCDE assurent une large diffusion aux travaux de l'Organisation. Ces derniers comprennent les résultats de l'activité de collecte de statistiques, les travaux de recherche menés sur des questions économiques, sociales et environnementales, ainsi que les conventions, les principes directeurs et les modèles développés par les pays membres.

ÉDITIONS OCDE, 2, rue André-Pascal, 75775 PARIS CEDEX 16
(42 2016 03 2 P) ISBN 978-92-64-26349-9 – 2017

www.ingramcontent.com/pod-product-compliance
Lightning Source LLC
Chambersburg PA
CBHW081842250726
48659CB00008B/2568